中央高校基本科研业务费专项资金资助（Supported by "the Fundamental Research Funds for the Central Universities"）；项目批准号：SWU2009107

U0741088

产业互联网
驱动生猪产业化经营模式
创新与推广研究

张建锋　沈忠明　熊海灵　王京雷　于显平 ◎ 著

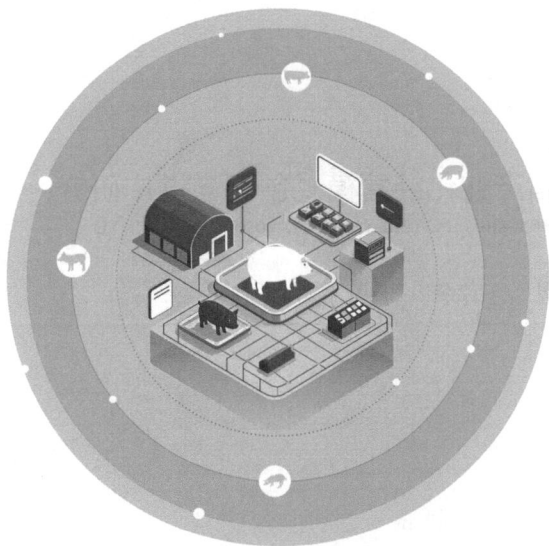

西南大学出版社

国家一级出版社 全国百佳图书出版单位

图书在版编目(CIP)数据

产业互联网驱动生猪产业化经营模式创新与推广研究 /
张建锋等著 . -- 重庆 : 西南大学出版社, 2025. 6.

ISBN 978-7-5697-3163-7

Ⅰ. F326.35-39

中国国家版本馆 CIP 数据核字第 2025GK1701 号

产业互联网驱动生猪产业化经营模式创新与推广研究

CHANYE HULIANWANG QUDONG SHENGZHU CHANYEHUA JINGYING MOSHI CHUANGXIN YU
TUIGUANG YANJIU

张建锋　　沈忠明　　熊海灵　　王京雷　　于显平◎著

选题策划｜刘欣鑫
责任编辑｜王　兰
责任校对｜陈铎夫
装帧设计｜闽江文化
排　　版｜瞿　勤
出版发行｜西南大学出版社(原西南师范大学出版社)
　　　　　地址:重庆市北碚区天生路2号
　　　　　邮编:400715　　电话:023-68868624
印　　刷｜重庆新生代彩印技术有限公司
成品尺寸｜185 mm×260 mm
印　　张｜10.5
字　　数｜182千字
版　　次｜2025年6月 第1版
印　　次｜2025年6月 第1次印刷
书　　号｜ISBN 978-7-5697-3163-7
定　　价｜59.00元

作者简介

张建锋，男，汉族，1981年11月生，云南省昆明市石林彝族自治县人，管理学博士。长期从事农业管理研究，研究方向主要包括：农村经济组织与制度、农业绿色化发展、农业经济理论与政策。先后主持重庆市级项目1项、教育部高校科研业务费项目2项、企业项目1项，主研省部级及区县级纵向、横向项目19项。发表学术论文10余篇，其中CSSCI、SSCI论文6篇。指导本科生毕业论文获评西南大学本科优秀毕业论文2次，指导学生参加重庆市及以上学科专业竞赛获奖10余项。参与的教学成果获评西南大学教育教学成果三等奖1项，作为主要完成人完成重庆市教育教学改革项目2项、本科核心课程建设项目1项。

沈忠明，男，汉族，1969年1月生，四川邻水人，中国共产党党员，西南大学副教授和优秀教师，管理学硕士。从事市场营销和畜牧业经济管理研究，主要领域为营销论与战略品牌管理、畜牧业经济管理。建设的线上"市场营销学"获批重庆市高校一流本科课程和课程思政示范项目。获"重庆市高校课程思政教学名师""重庆市在线教学创新应用先进个人"等荣誉称号。独立和以第一作者身份公开发表论文40余篇；出版《畜牧业经济管理》教材1部，参编《生猪产业化生产模式与配套技术》《管理学原理》著作2部；主持、主研"重庆特色小镇高质量发展的战略选择与政策保障研究"等省部级纵向教学类、科研类项目10余项，所主持的"'学、赛、创'一体化培养'互联网+'创新创业人才的实践"等教学改革项目获西南大学教学成果二等奖和三等奖；指导学生在第四届中国"互联网+"大学生创新创业大赛等各级比赛中获国家级三等奖、省部级一等奖30多人次；长期从事畜牧企业品牌深度增长等对外实训服务。

熊海灵,男,汉族,1971年6月生,四川巴中人,中国共产党党员,西南大学教授,博士生导师,美国加州大学访问学者。国家自然科学基金项目评审专家,国家留学基金委项目评审专家,科技部创新方法培训专家。长期从事数据库与智能信息处理、农业信息化与数字农业研究。主持国家自然科学基金面上项目、重庆市科技局重大项目等科研课题40余项,获批科研经费累计超500万元。在 *Knowledge-Based Systems*, *Computer Physics Communications* 等高质量SCI期刊上发表论文60余篇,主编国家级规划教材1部,获专利5项。获西南大学教学成果一等奖、二等奖,以及重庆市优秀共青团干部,西南大学优秀共产党员、优秀教师、名师奖等荣誉称号。历任西南大学计算机与信息科学学院副院长、西南大学商贸学院院长、西南大学荣昌校区党工委书记、西南大学电子信息工程学院党委书记、西南大学党委教师工作部部长,现任西南大学信息化建设办公室主任。

王京雷,男,汉族,1988年2月生,山东青岛人,西南大学副教授。2006年9月至2010年6月,就读于重庆大学,获管理学学士学位;2010年9月至2013年6月,就读于重庆大学,获管理学硕士学位;2016年9月至2020年12月,就读于重庆大学,获管理学博士学位。研究领域为产业规划与创新、政府治理、供应链管理。主持中国科协高端科技创新智库青年项目"国家农业科技园促进乡村产业振兴路径研究",重庆社会科学规划青年项目"合作治理视角下高水平建设西部(重庆)科学城的实现路径研究"等项目5项;发表国家高新区创新驱动战略、科技投入与高质量创新等方向的CSSCI论文8篇;指导学生参加重庆市大学生供应链设计大赛等比赛并获奖;指导学生参加大学生创新创业训练计划并获校级立项。

于显平,男,汉族,1974年10月出生,四川省宣汉县人。西南大学计算机与信息科学学院副教授,网络工程系主任;担任"计算机网络""网络编程技术""高级语言程序设计(C语言)"等课程教学;作为副主编,编写出版《基于问题学习的计算机网络教程》教材1本;主持或参加社会服务横向项目6项,发表学术论文6篇。

　　随着以互联网、物联网、大数据、云计算、人工智能、区块链等为代表的新一代信息技术持续创新与演进,并与社会经济的各个行业和领域深度融合,人类社会已经迈入数字经济时代。这个时代最显著的特征是网络化和数字化。面对新一代信息技术的不断升级和融合,所有领域、行业、团体和个人都必须积极应对,拥抱这些技术,推进系统的数字化转型与升级。作为中国畜牧业的核心部分,生猪产业的高质量发展对于保障国家食物安全、满足社会大众对高品质肉食及肉制品的需求至关重要。这也是中央和地方各级政府始终重视生猪生产、推动生猪产业持续转型升级与高质量发展的根本出发点和落脚点。传统中国生猪产业以散养和小规模养殖为主,经营主体规模小、应对多维风险的能力弱、产业链条短、产品附加值低,产业链供应链的韧性和柔性不足。随着农业产业化、规模化经营战略的不断推进,生猪生产逐渐转向中等规模、大规模乃至超大规模;产业内部的专业化分工持续深化,规模养殖户(场)引领与带动、合作经济组织引领与带动、企业引领与带动等多种产业化经营模式不断涌现并演化,促进了生猪产业的工业化、现代化发展。然而,由于生猪产业的生物属性、养殖的周期性与不可逆性、风险的多维性以及产业链供应链信息的高度不对称性,以生猪产业发展的不确定性与波动性为表征的"猪周期"问题一直未得到充分解决,这制约了生猪产业经营主体和产业本身的综合竞争力的提升。新一代信息技术的创新与融合,显著推动了社会各行各业及产业的数字化转型,也显著推动了生猪产业链供应链的数字化转型发展。这一进程促进了生猪产业互联网生态系统的形成与发展,为生猪产业持续深化专业化分工、实现产业化融合、追求高质量发展提供了科技支持和内在动力。此外,它还为解决"猪周期"问题、增强产业链供应链的灵活性与抗风险能力创造了有利条件。

西南大学中央高校基本科研业务费专项资金项目"生猪产业'互联网+'生态系统构建及应用研究"(项目批准号:SWU200910 7)正是基于新一代信息技术创新发展并与产业深度融合的历史背景,立足于生猪产业高质量发展的目标,旨在探究"生猪产业高质量发展需要什么样的'互联网+'生态系统?""生猪产业'互联网+'生态系统的基本功能与系统构成包括哪些?""生猪产业'互联网+'生态系统如何有效运行?""生猪产业'互联网+'生态系统如何有效推广应用?"等系统性问题。该项目在理论和实践方面都具有突出的创新性。《产业互联网生态系统驱动生猪产业化经营模式创新与推广研究》是该项目的一个核心研究成果,旨在回答"产业互联网生态形成演化背景下生猪产业化经营模式创新的动因是什么?""产业互联网生态形成演化背景下生猪产业化经营模式创新的基本逻辑是什么?""产业互联网生态形成演化背景下生猪产业化经营模式创新的成效如何?""产业互联网生态形成演化背景下持续推进生产产业化发展模式创新的发展态势如何? 匹配什么样的战略选择?""产业互联网生态形成演化背景下持续推进生猪产业化发展模式创新需要什么样的条件、制度和政策创新?"等理论问题。

产业互联网生态系统驱动生猪产业化经营模式创新与推广研究立足于"互联网+"生态演化融合的视角,将生猪产业化经营模式创新的动因、实现、态势,以及持续推进的条件、政策与制度等都置于"互联网+"生态演化融合的视角来考虑。同时,综合采用了案例分析、系统分析、理论思辨、比较分析、战略分析和制度与政策分析等方法,对产业互联网生态系统推进生猪产业化经营模式创新与推广问题进行了系统分析。深入剖析并构建了产业互联网生态系统推进生猪产业化经营模式创新与推广的实现逻辑、发展态势、系统动力、战略选择、条件创造、制度保障与政策支撑体系。这有助于各级政府创造条件、创新制度与政策,推动生猪产业互联网生态系统的形成和成长,促进生猪产业化经营模式的创新与推广,以及生猪产业的高质量发展,为生猪产业经营主体推进产业链供应链的数字化转型升级,实现产业化与数字化发展提供理论指导和借鉴。

作者

2025 年 2 月于重庆荣昌

目录
CONTENTS

第九章　研究结论及未来展望

第一章

绪论

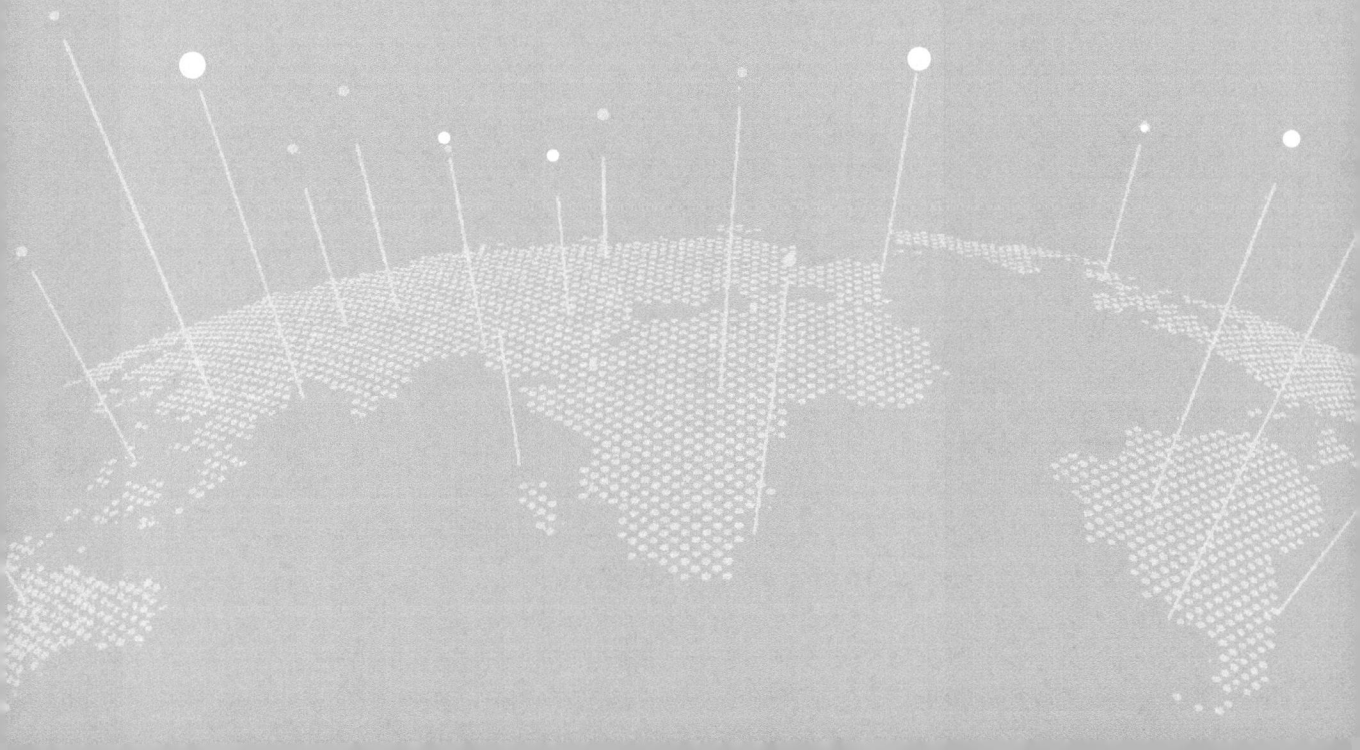

一、研究问题的提出

进入21世纪以来，以互联网、物联网、大数据、云计算、人工智能等为代表的新一代信息技术快速发展，一方面催生了许多新业态、新模式和新行业，另一方面也对传统产业提出了新要求。面对互联网经济、信息经济、数字经济等浪潮的冲击，传统产业为了生存，必须积极适应，或不可避免地被卷入其中，从而催生了"互联网+传统产业"的新业态。这种模式不仅重塑了传统产业，还推动了其转型升级。

2014年11月，时任国务院总理李克强在首届世界互联网大会期间与中外代表座谈时指出，互联网是大众创业、万众创新的新工具，凸显了互联网在创新创业发展中的重要作用。2015年3月，在全国两会上，全国人大代表马化腾提交的《关于以"互联网+"为驱动，推进我国经济社会创新发展的建议》，强调要以"互联网+"为驱动，鼓励产业创新、促进跨界融合、惠及社会民生，推动我国经济和社会的持续发展与转型升级。在十二届全国人大三次会议上，时任国务院总理李克强首次提出"互联网+"行动计划，强调制定"互联网+"行动计划，即推动移动互联网、云计算、大数据、物联网等与现代制造业结合，促进电子商务、工业互联网和互联网金融健康发展，引导互联网企业拓展国际市场。同年7月4日，国务院印发《关于积极推进"互联网+"行动的指导意见》。此后"互联网+"成为各级政府推进传统产业转型升级的战略方向，并在多维系统制度与政策创新中走向深入。2017年，党的十九大报告进一步强调，要贯彻新发展理念，深化供给侧结构性改革，建设现代化经济体系。要坚持农业农村优先发展，加快推进农业农村现代化。要构建现代农业产业体系、生产体系、经营体系，完善农业支持保护制度，发展多种形式适度规模经营；培育新型农业经营主体，健全农业社会化服务体系，实现小农户和现代农业发展有机衔接;促进农村一二三产业融合发展,支持和鼓励农民就业创业,拓宽增收渠道。

2022年,党的二十大明确要求构建优质高效的服务业新体系,推动现代服务业同先进制造业、现代农业深度融合。加快发展物联网,建设高效顺畅的流通体系,降低物流成本。加快发展数字经济,促进数字经济和实体经济深度融合。

2024年,党的二十届三中全会进一步强调要健全推动经济高质量发展体制机制,健全因地制宜发展新质生产力体制机制;健全促进实体经济和数字经济深度融合制度;健全现代化基础设施建设体制机制;健全提升产业链供应链韧性和安全水平制度。

2025年,中央一号文件专门强调,做好生猪产能监测和调控,促进平稳发展;以科技创新引领先进生产要素集聚,因地制宜发展农业新质生产力;支持发展智慧农业,拓展人工智能、数据、低空等技术应用场景。

从党和国家的政策演进可以看出,新一代信息技术作为新质生产力的重要组成部分和助推器,在推进传统产业升级、促进经济社会高质量发展中将发挥至关重要的作用。

肉食是居民获取蛋白质、脂肪及其他营养元素的主要来源(如图1-1所示)。猪肉及猪肉制品作为我国社会的主要肉食,其有效供给事关民生。虽然随着经济社会发展、人民生活水平提升,以水产品、牛羊肉制品为代表的其他肉食替代了猪肉及其制品的消费。但性价比更高的猪肉及其制品仍是普通社会大众的主要肉食。作为传统行业,生猪产业高质量发展是保障猪肉及其制品高效充分供给的前提。

单位:千克

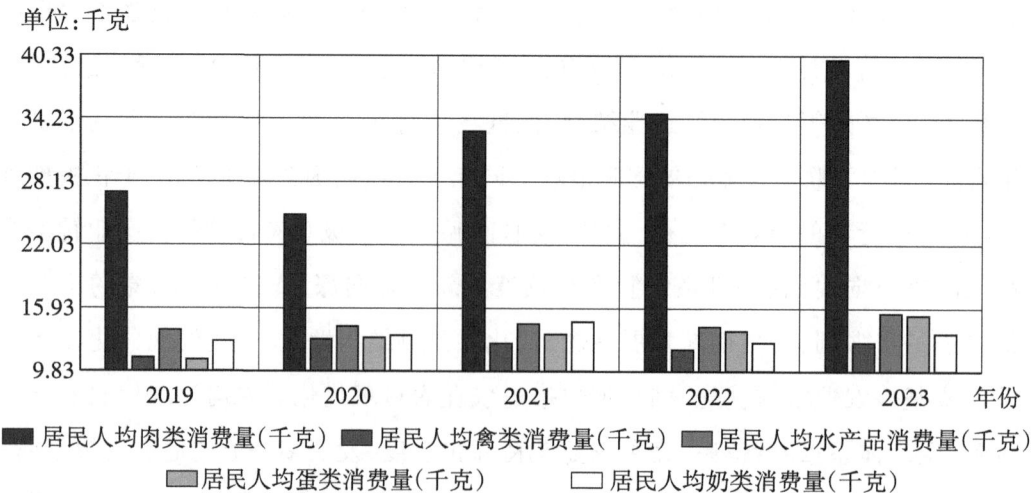

图1-1　2019—2023年中国居民主要肉食、蛋、奶消费基本情况

　　长期以来,我国生猪养殖以农村农户散养为基本模式,尽管适度规模化、工厂化养殖的普及和推广在一定程度上提升了养殖效率,但生猪养殖依然面临严重疫病风险以及以"猪周期"为典型特征的市场波动等多重挑战。与国际生猪养殖发达国家相比,我国生猪养殖在规模、现代化水平、市场竞争力(尤其是国际竞争力)、猪肉及其制品的绿色化程度、产业链供应链的韧性以及养殖成本控制等方面,仍存在一定的差距,面临一些挑战。实践证明,解决这些问题,必须协同推进组织创新、制度创新、技术创新、政策创新,需要充分依靠新一代信息技术对生猪产业的改造升级,提高养殖效率、延长产业链、提升供应链韧性。生猪产业积极探索,形成了一批有代表性的"互联网+"典型,但以"互联网+"为代表的新一代信息技术赋能产业升级是系统工程,面临多维度的资产专用性,如何更有效地推进"互联网+生猪"的生产经营模式深入发展,充分利用新一代信息技术对生猪产业进行全面改造升级,从而增强生猪产业的适应性、竞争力以及抗风险能力,是各级政府、产业经营主体面临的重要课题。这也是本书的出发点和落脚点。

　　产业互联网生态系统驱动生猪产业化经营模式创新与推广研究,立足新一代信息技术与传统产业深度融合创新这一背景,探究"互联网+生猪"的生态创新及其对生猪产业化模式创新的影响、条件创造及制度保障。其基本逻辑在于,首先探究"互联网+"生态演化背景下生猪产业化经营模式创新的动因,进而分析模式创新的内容及其现实逻辑,评估模式创新的成效。在此基础上探究"互联网+"生态驱动下生猪产业化经营模式创新与推广面临的发展态势及战略选择,持续推进创新推广所需的条件创造、制度保障与政策支撑,以期为进一步推动"互联网+"生态与生猪产业高质量发展的深度融合提供战略指引、制度保障与政策支持。

二、研究目标与研究内容

(一)研究目标

　　产业互联网生态系统驱动生猪产业化经营模式创新与推广研究,立足新一代信息技术的创新发展与经济社会深度融合这一背景,基于生猪产业高质量发展目标,深入探讨产业互联网生态的形成与演化如何影响生猪产业化经营模式的创新,以及这种模式创新的内在逻辑和实际成效。本书还探讨了创新持续所需的条件创造、制度保障与政策支持。本书旨在解答一系列理论问题,包括:"产业互联网生态形成与演化背景下生猪产业化经营模式创新的动因是什么？""产业互联网生态形成与演化背景下生猪产业化经营模式创新的基本逻辑是什么？""产业互联网生态形成与演化背景下生猪产业化经营模式创新的成效如何？""产业互联网生态形成与演化背景下生猪产业化经营模式创新发展的态势如何？持续推进创新需要匹配什么样的战略？""产业互联网生态形成演化背景下持续推进生猪产业化经营模式创新需要什么样的条件、制度和政策创新？"

(二)研究内容

基于研究目标,产业互联网生态系统驱动生猪产业化经营模式创新与推广研究将遵循以下基本逻辑："模式创新的动因—模式创新及其现实逻辑—模式创新成效—模式创新持续推进的态势与战略选择—模式创新持续推进的条件创造—模式创新持续推进的制度与政策支持",并据此安排如下研究内容。

1.产业互联网生态形成与演化背景下生猪产业化模式创新的动因研究

在梳理生猪产业化模式演进历程的基础上,基于诱致型创新理论(涵盖技术创新、制度创新及组织创新),从市场需求演化、生产技术创新、交易技术创新以及政策与制度支持等多个维度,深入探究"互联网+"生态形成与演化融合背景下生猪产业化经营模式创新的动因。

2.产业互联网生态形成与演化背景下生猪产业化经营模式创新及其实现逻辑研究

在分析传统生猪产业化经营模式所面临的现实困局基础上,通过多案例分析,提炼出在"互联网+"生态形成演化并与产业深度融合背景下,生猪产业化经营模式创新的方向、主体及其实现逻辑。

3.产业互联网生态形成与演化驱动的生猪产业化经营模式创新成效研究

理论分析"互联网+"生态形成与演化融合驱动的生猪产业化经营模式创新,在养殖端、服务端、交易端和宏观调控端等方面的绩效,并基于相关数据进行实证验证。

4.产业互联网生态形成与演化驱动的生猪产业化经营模式持续创新的发展态势与战略选择研究

通过SWOT分析法,对产业互联网生态驱动生猪产业化经营创新与推广进行了优势、劣势、机遇和挑战的分析。在此基础上,再采用战略分析法,提出了持续推进"互联网+"生态演化融合助推生猪产业化经营模式创新的战略选择。

5.产业互联网生态驱动的生猪产业化经营模式创新推广的条件创造与研究

从系统论思想出发,分析了产业互联网生态驱动的生猪产业化经营创新与推广的理论逻辑和理论动力,并在此基础上提出了"互联网+"生态演化融合助推生猪产业化经营模式创新所需创造的条件。

6.产业互联网生态形成演化驱动的生猪产业化经营模式持续创新的制度保障与政策支撑研究

在"互联网+"生态演化融合背景下,分析了生猪产业化经营模式创新的现有政策和制度,以及存在的问题。持续推进"互联网+"生态的演化融合,助推生猪产业化经营模式的制度保障和政策创新。

三、研究思路与方法

产业互联网生态系统驱动生猪产业化经营模式创新与推广研究,聚焦"如何在'互联网+'生态形成演化并与社会各领域深化融合的背景下,持续推进生猪产业化经营模式的创新?"这一核心问题。通过文献梳理和理论分析,研究思路安排进行如下阐述:

第一,基于诱致型创新理论,探究"互联网+"生态演化融合背景下生猪产业化经营模式创新的动因;

第二,在搜集"互联网+"生态演化融合背景下生猪产业化经营模式创新案例基础上,通过案例比较分析,探究生猪产业化经营模式创新的实现逻辑;

第三,在理论探究"互联网+"生态演化融合驱动生猪产业化经营模式创新绩效的基础上,通过比较分析和描述性分析等方法,对现实绩效进行了验证,以明确生猪产业化经营模式创新的成效;

第四,运用SWOT分析法,对"互联网+"生态演化融合驱动生猪产业化经营模式创新与推广的态势进行分析,提出了效应持续释放的战略选择;

第五,基于系统思想探究了"互联网+"生态系统驱动生猪产业化经营模式创新与推广的系统逻辑和系统动力,从生猪产业化经营模式创新持续推进导向出发,构建相应的条件支持系统;

第六,从政策创新和制度保障两个维度出发,分析了持续推进生猪产业化经营模式创新的政策与制度框架。

本书采用理论分析与实证分析相结合的方式展开。理论分析方面,在"互联网+"生态演化融合背景下,基于诱致型创新理论,分析生猪产业化经营模式创新的动因。在"互联网+"生态演化融合背景下,基于理论思辨、逻辑演绎、系统分析、战略分析、制度与政策分析等方法,构建生猪产业化经营模式持续创新的理论逻辑、理论动力、条件框架、政策与制度创新支持系统。实证分析方面,在"互联网+"生态演化融合背景下,本书通过案例比较分析,深入探究了生猪产业化经营模式创新的实现逻辑。基于生猪产业数据比较,分析了"互联网+"生态演化融合助推生猪产业化经营模式创新的绩效、发展态势,解释了在"互联网+"生态演化融合背景下,生猪产业化模式持续创新面临的优势、劣势、机遇与挑战,为条件的创造和制度政策的创新提供了方向。

四、研究创新

产业互联网驱动生猪产业化经营模式创新与推广研究的创新表现在以下三个方面:

1.研究视角的创新

本书聚焦生猪产业化经营模式创新,立足"互联网+"生态演化融合视角,将生猪产业化经营模式创新与推广的动因、实现、态势,以及持续推进的条件、政策与制度等,都置于"互联网+"生态演化融合进程中来考虑。

2.研究方法的创新

相较于现有研究,本书综合采用了案例分析、系统分析、理论思辨、比较分析、战略分析、制度与政策分析等方法,对产业互联网生态系统如何推进生猪产业化经营模式创新与推广问题进行了系统分析。

3.研究结论的创新

本书从"互联网+"生态演化融合的视角,探究生猪产业化经营模式创新问题,认为"互联网+"生态演化发展对生猪产业融合促进生猪产业化经营模式创新具有历史必然性,是多维动力与动因共同作用的结果;"互联网+"生态的演化融合显著促进了生猪产业在养殖端、服务端、交易端以及宏观政策调控端的系统创新,有力推动了生猪产业化经营模式的创新;"互联网+"生态的演化融合在推进生猪产业化经营模式创新与推广方面面临多维优势和机遇,同时也需要应对多维劣势和挑战;"互联网+"生态的演化融合,促进了生猪产业化经营的创新,需要从系统逻辑出发构建战略、技术、组织、制度及政策等多维支持系统。

第二章

文献综述与理论基础

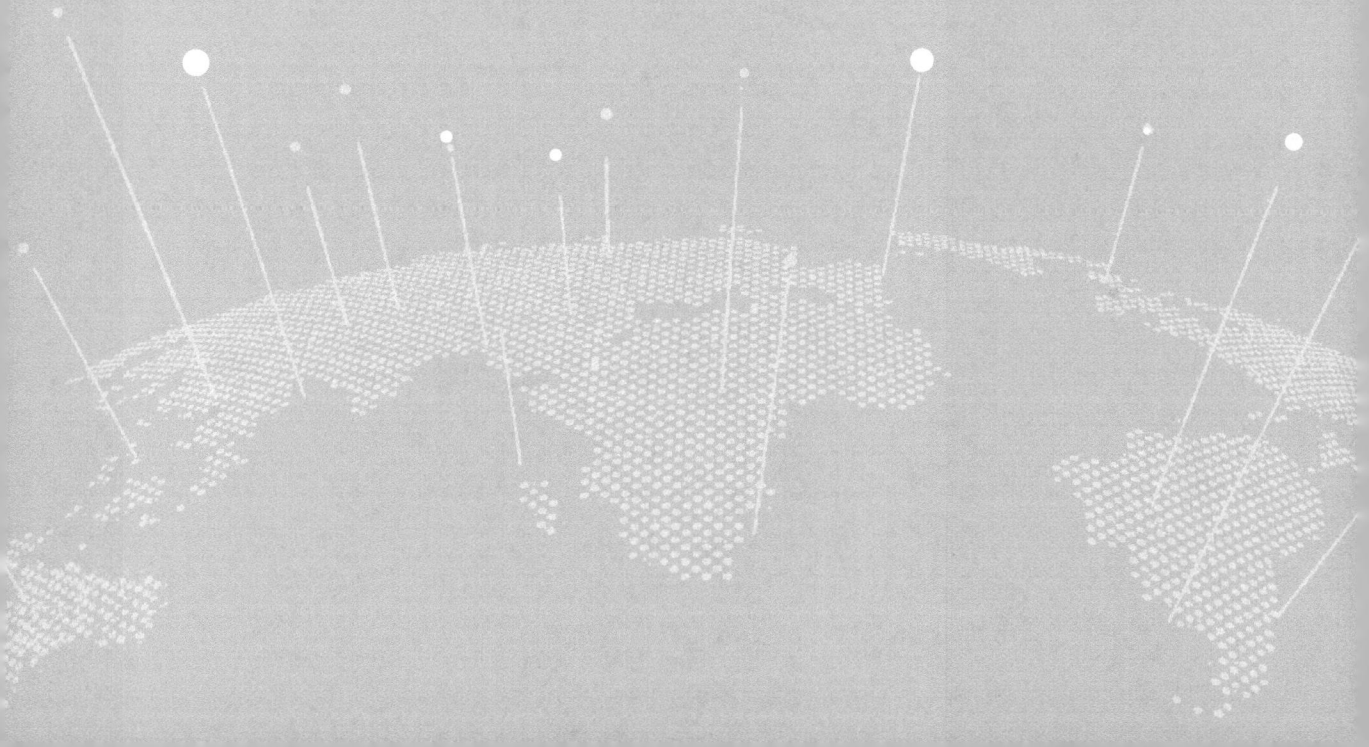

一、文献综述

（一）产业互联网及生猪产业互联网的概念

"产业互联网"这一概念产生于市场，是互联网时代产业与互联网技术深度融合创新的结果。美国、德国等发达国家最早认识到互联网在工业制造领域的广阔应用前景。2010年7月，德国政府发布的《德国2020高技术战略》报告，提出了"工业4.0战略"，旨在利用信息化技术实现产业变革，提升制造业的智能化水平，建立具有适应性、资源利用效率高以及基于基因工程学的智慧工厂，全面创新并推广数字化生产模式。2013年，德国机械及制造商协会等四个组织合作设立了"工业4.0平台"，并向德国政府提交了《保障德国制造业的未来——关于实施工业4.0战略的建议》，强调德国要成为智能制造技术的主要供应商和信息物理系统技术及产品的领先市场。2012年年底，美国通用电器公司发布了题为"Industrial Internet：Pushing the Boundaries of Minds and Machines"的报告。报告指出，工业互联网通过智能设备、智能系统和智能决策三大要素与机器、设备、设施和系统网络的全面融合，构建起新型的产业生态体系。相较于德国的"工业4.0"战略，美国的"工业互联网"概念内涵更广，它不再局限于工业或制造业领域，而是强调通过互联网的力量，将人类、数据和机器连接起来，从而促进整个产业生态体系的变革。

"产业互联网"在我国的普及最早源于大型企业的推广。2014年，中国宽带资本董事长、产业互联网领域企业家田溯宁，首次向公众介绍了"产业互联网"的概念。强调产业互联网面向企业，围绕整个生产、交易、流通、融资、传播等环节，向企业提供完整、便利、系统的生产性服务，使得企业的经营运作更加高效。腾讯公司于2018年，确立了要"扎根消费互联网，拥抱产业互联网"的战略决策，在国内全面提升了产业互联网的实践热度与研究热度。这些大型企业认为产业互联网是数字经济深化发展的高级形态,主要服务于企事业单位,旨在提升企事业单位的资源配置和运营效率,并重点应用于各类生产经营活动之中,实质在于产品和服务的互联网应用和创新。

学术界对"产业互联网"也进行了较多的定义。任兴洲认为产业互联网是指以生产者为用户,以生产活动为主要内容的互联网应用。通过互联网提供的技术、云资源和大数据分析,重构企业组织架构,改造和创新生产经营模式、融资方式以及与外部的协同交互方式,从而实现提升效率和协同发展的目的。田溯宁等认为,产业互联网作为一种以数字化、智能化、网络化方式,重塑现代制造和科技创新的融合业态,通过物联网、云计算、大数据、智能硬件在产业环节的加速应用,以增强互联网金融和产业第三方平台的杠杆作用。以网络化、智能化方式整合生产制造、科技创新、交易贸易、仓储物流等资源,通过与传统产业融合创新为产业升级注入新活力。田杰棠等认为产业互联网具有连接类型多样、行业应用广泛、深度再造流程等特点,日益成为经济增长的重要驱动力,在提高现有产业劳动生产率、培育新市场和产业新增长点、实现包容性增长和可持续发展中发挥着重要作用。

总体来看,"产业互联网"这一概念虽然在学术界有一定研究,但仍未形成一个统一且规范的定义,其常见于各类政策文件之中,在产业实践中更是屡见不鲜。在互联网时代,各类产业经营主体以积极主动的态度拥抱互联网,以产业互联网为发展手段,实现产业生态变革和价值实现。生猪产业互联网正是在这个背景下产生的。

生猪产业与信息技术跨界融合,通过信息化管理和数据分析,构建出智能化的现代畜牧业运营模式,实现生猪产业在生产、经营、管理和服务水平等方面的提升。最初,生猪产业仅在某些环节应用互联网技术,农牧企业在销售环节寻求生猪产业"互联网+"的应用突破和发展,依托互联网搭建电商平台,以此拓展产业渠道,提升产业交易效率。如雏鹰农牧推出的新融农牧平台、猪e网建立的猪易商城、雨润集团打造的汇通农牧平台等。随着云计算、大数据、物联网等新一代信息技术的发展,以及这些信息技术与生猪产业的不断融合,生猪产业互联网应运而生。通过互联网与生猪产业的深度融合,逐步构建起一个完整的新型产业形态,即"互联网+生猪产业"。"互联网+生猪产业"生态系统结合云计算、大数据、物联网、终端技术等新型信息技术,改造传统行业基础生产设施和信息技术,将信息资源和数据资源作为主要生产要素,参与生猪产业的各个生产经营过程。

(二)生猪产业互联网发展及其对生猪产业化经营的影响

作为我国的传统产业,生猪产业的信息化发展研究起步相对较晚。在进入21世纪后,才逐渐开始有相关研究。唐惠君提出要在全国乃至全世界构建起生猪产业的信息网络,将各地市场有机联系在一起,引导生猪及其产品的合理流通。周全提出在生猪生产过程中要运用信息化管理手段,一方面对动物疫病进行预防和监测,另一方面对生产过程中的投入品如饲料、兽药等进行监管,保障生猪及其产品的质量安全。方逴、王娟认为我国虽然是生猪养殖大国,但在饲养效率和效益方面与发达国家仍存在差距,要把信息技术和微电脑技术引入生猪养殖过程,实现精确饲养和效益饲养。崔岚嵩、朱卫国对基于射频识别技术的生猪安全追溯及电子交易平台进行研究,并提出生猪交易市场可以利用该平台实现各流通环节的信息采集、传递与数据共享,从而解决食品安全问题。付蓉、张倩、于峰对国内外生猪养殖信息化应用软件进行了介绍,提出为了使软件得到广泛应用,一方面要降低应用成本,另一方面要使软件内容与我国生猪产业的生产情况和技术水平相适应。

"互联网+"在被纳入国家战略后,产业互联网理念逐渐渗透到各行各业,我国学者对生猪产业互联网发展的研究也变得更加丰富。黄俐晔认为当前生猪产业将加快集团化、一体化、全产业链融合发展的步伐,用互联网思维进行"产业互联网"整合已是大势所趋。卫旭东提出要有效利用互联网、大数据、物联网实现数据信息的透明与共享、产业链的协同与决策的智能化,真正解决养猪户的烦心事。于莹、魏刚认为随着"互联网+"理念与生猪产业的生产经营、交易流通、金融服务等环节的深度融合,我国生猪产业已逐步形成了以"互联网+养猪产业"为核心的新业态,这对我国生猪产业持续推进提质增效、加快产业转型升级、推进供给侧结构性改革具有重要意义。

随着生猪产业互联网在生猪产业链各环节的应用不断深入,产业互联网对生猪产业化经营模式产生了深度影响。方衍斌、张杰提出构建生猪饲养信息化平台,"互联网+"促进生猪养殖行业的优化升级,推动养殖模式的转型升级。王哲雯等认为产业互联网能够降低交易成本,培育规模经济,推动传统生猪产业转型升级。贺爱光指出,生猪产业大数据平台"猪联网"可包含"猪服务"、"猪交易"和"猪金融"三个核心内容,既能够为养猪户和养猪企业提供猪场智能化服务,也能实现与农信商城和农信金融的无缝对接,从而实现服务整个生猪产业链的目标,进而推动形成"互联网+"时代的智慧养猪新模式。周月书等认为互联网与生猪产业链的结合使得信息资源和数据资源作为主要生产要素参与养殖、交易等产业链的各个环节,特别是为生猪产业链上的各经营主体提供便利的金融服务,能够提高整个产业链的资金使用效率,从而带来产业的巨大变革。

(三)生猪产业化经营模式及其变迁

20世纪90年代以来,随着农业产业化经营方式的持续创新与推广,我国生猪产业的经营模式也发生了一定变化。与此同时,国内学者对生猪产业化经营模式进行了大量研究。林大雄认为,推行生猪产销一体化策略,是有效缓解小生产与大市场之间矛盾的主要途径。王俊勋认为实施产业化经营是我国生猪生产持续、稳定发展的客观需求。梁振华、张存根认为发挥区域优势、加强区际间的合作,构建跨地区、跨所有制的生产联合体,是我国生猪生产未来发展的重要趋势。王秀清和李德发认为适应经济全球一体化是提升生猪饲养业竞争力的重要途径。

在进入21世纪后,随着中国经济进一步加大开放,特别是在加入WTO后,产业化发展成为各产业应对国际市场竞争的必然选择,我国生猪产业化经营模式进一步发生变化。李建平、张存根认为按照生猪饲养业区域化发展的特点,实现生猪生产、加工与销售的一体化经营,是有效应对加入WTO后我国生猪饲养业所面临挑战的重要措施。张承仪和陈启洪认为小规模、大群体的养猪生产模式是符合地方实践的生猪产业化经营模式。周应恒和耿献辉认为在我国畜牧业经济体系中,行业组织和合作组织的欠发达,是当前畜牧业面临的最大挑战,因而培育畜牧业的产业组织,推进畜牧业的纵向一体化,建立我国畜牧业各个领域的产业链体系,是提高我国畜牧产业竞争力的迫切需要。乐玉海、范春国最初提出一种生猪养殖小区的经营模式——由农民、企业、银行共同出资,实现原本分散的农户家庭养猪,向集约化饲养、规范化管理、市场化运作、产业化经营方向转变;以生猪养殖小区作为农村新型合作经济组织的平台,通过大幅扩大生产规模与增加产品总量,成功与集约化的资本市场和产品销售市场实现了无缝对接,同时带动农民直接进入产业化发展阶段。王楚端总结了改革开放30年来,我国养猪产业化经营模式先后经历了"牧工商公司""公司+农户""龙头企业"三个阶段。陈灵伟提出"三级闭环养猪"经营模式,养殖产业链包括集团化专业育种场、集约化专业仔猪繁育场和分散的专业育肥户等三个环节,构建起集约与分散协同的优势互补型生猪产业生态循环体系。董银河提倡加快推进标准化规模养殖,大力发展标准化规模养猪场,建设标准化、规范化程度较高的养猪小区,推动分散养殖向规模养殖转变。李闽提出采用"公司+农户"的经营模式,公司为农户统一提供疫苗、饲料,统一收购和结算,以支付代养费的方式收购肉猪,农户不承担市场风险,保底收入。卓思凝、韦习会总结了养猪企业的三种经营模式,包括"公司+农户"模式、"公司+基地+农户"模式以及"一体化"模式。

近年来,随着信息技术的应用,生猪产业化经营模式不断创新。吴正杰指出"公司+家庭农场"是现代农牧业发展的一种新型经营模式,是提高农业集约化经营水平和产品质量的重要途径,建立"公司+家庭农场(猪场)"经营模式,能够资源共用、优势互补、风险共担以及利益共享。王山等认为,由于管理粗放而出现生产水平降低、有规模无效益等问题,传统规模猪场在技术和管理方面的不足逐渐暴露。因此,规模猪场应依托信息技术,搭建虚拟产业集群平台,整合生猪产业相关的各个市场主体,以养殖户为核心,推动养猪场实现管理规范化、成本精细化和疫病防治科学化,实现养殖服务的一体化。这是基于企业自身资源,对养猪业经营模式进行创新而形成的一种产业集群新模式。董斌川等通过对养殖产业链上下游各环节的考察和调研,提出了河南省生猪产业化"八统一"模式,即"统一种源、统一环境控制、统一生物安全、统一生产管理、统一信息化管理、统一毛猪购销、统一物流、统一融资担保"。

二、理论基础

(一)诱致性制度变迁理论

诱致性制度变迁是相对于强制性制度变迁的一种理论,它是在制度变迁理论研究中形成并演化的。1970 年,Davis L. E. 和 North D. C. 在 *Institutional Change and American Economic Growth : A First Step Towards a Theory of Institutional Innovation* 一文中对制度需求和供给变动的因素进行了探讨,提出成本与收益的变动会使制度产生不均衡,并诱致制度的再变迁。基于此,Davis L. E. 和 North D. C. 总结出了制度变迁需求形成的条件和因素,制度变迁的分析模型初具雏形。1984 年,Ruttan Vernon W. 和 Hayami Y. 在"*Toward a Theory of Induced Institutional Innovation*"一文中,通过对制度变迁的"需求"和"供给"两个概念的确立,完善了诱致性制度变迁的分析过程。1989年,林毅夫(Justin Lin)在"*An Economic Theory of Institutional Change : Induced and Imposed Change*"中,总结性地肯定了基于供给分析的诱致性制度变迁动因理论,并指出了强制性制度变迁与诱致性制度变迁的概念。前者以政府主导的自上而下的供给型变迁为主,强调政府路径;后者以民众主导的自下而上的需求型变迁为主,强调社会和市场的发展路径。

诱致性制度变迁是指个体或群体基于内生动力,回应制度不均衡时提供的获利机会,自发倡导和组织的自下而上的制度变迁。诱致性制度变迁是个人或群体为响应潜在获利机会自发变革现有制度或安排新制度的过程,经济收益是最主要的动因。诱致性制度变迁为何会发生?学理上的解释是:一旦制度出现不均衡并使获利机会增加,个人或团体就会进行制度创新,创新的程度及接受情况完全取决于创新带来的效益及成本计算。成本不仅限于创新过程花费的时间和资源,更重要的是受益者之间的关系结构和社会压力。若制度变迁所带来的新增获利机会未能均匀分布于成员之中,那些机会较少的人就会感受到压力,这种压力会让他们感觉到自己被边缘化,仿佛自身的存在感被淡化。正因为如此,如果没有充足的条件,自下而上的诱致性制度变迁面对的困境会更多。

尽管如此,当制度变迁带来的预期收益高于所付出的成本时,个人也会努力适应这种变迁,接受新的价值观和道德规范。这说明,诱致性制度变迁的发生要满足几个条件:一是由于制度不均衡产生的获利机会,二是制度变迁的收益大于付出的成本,三是制度变迁的收益份额分配比较均衡,四是有诱发制度变迁的契机。

诱致性制度变迁理论是统摄新时代产业发展自下而上制度创新的总名词,特别适用于分析生猪产业化经营模式的创新。诱致性制度变迁对我国生猪产业化经营模式的变革具有较强的解释力,但目前为止,学界鲜有从诱致性制度变迁的角度对生猪产业化经营模式进行分析。我国生猪产业起步于计划经济背景下的统购和统销阶段,发展于改革开放背景下的市场开放发展阶段,当前正经历从传统产业向现代化产业推进的转型发展与升级阶段。随着市场经济制度的改革与完善,生猪养殖业经历了深刻的变革。散户养殖数量的减少和集团化养殖的兴起,以及政策对生猪养殖业的积极影响,共同催生了生猪产业的变革,这些变革为生猪产业化经营提供了坚实的制度基础。个人与企业都在时代变革中获得了生猪经营的收益机会,这种收益既包括社会性的发展机会,也包括经济性的盈利机会。可以说,个体和组织的收益动机是促使生猪产业化不断变革的内生动力,是自发倡导和组织进行生猪产业化过程的最主要动因。

此外,随着社会经济技术条件的日益成熟,这种利益动机实现的可能性越来越高,促使地方生猪产业化经营呈现出蓬勃发展的态势,各区域间的收益分配也日益均衡。同时,国际生猪产业环境的变化、国民肉食需求质量的提升与现代养殖技术的发展等外部环境,为生猪产业化经营提供了外部刺激与发展契机,全国范围内生猪产业化经营模式创新的实践不断增多。

(二)产业组织演化与变迁理论

产业组织演化与变迁理论目前还没有明确的定义。王军认为,产业组织演化理论主要强调将产业组织理论研究与演化经济学的方法论结合起来,运用演化思想解释产业组织演化问题。在《经济变迁的演化理论》一书中,纳尔逊和温特深入探讨了产业组织的演化问题,多次提到"经济结构演化""市场行为的演变""动态竞争"等核心内容,并对其做了深入的研究和分析。他们的研究为现代产业组织理论提供了宝贵的补充。特别是,他们的"产业演化"理论研究,是从产业结构的角度围绕产业内的企业数量的变化及其引起的其他变量的变化进行的。其实,经济学家们研究产业演化不仅从数量的角度出发,还从企业行为的角度研究产业组织的演化。其中,企业在进入或退出某一产业(或市场)时的行为选择,是他们研究的焦点之一。Iwai K.的研究是从技术创新的角度围绕产业组织演化进行的。总的来讲,市场结构、市场行为和技术创新构成了现代产业组织演化理论的核心内容。

目前,国内学者直接从生猪产业组织体系切入的研究还比较少,大多将研究重点放在生猪产业体系上,集中在生猪产业结构、市场行为和市场绩效等方面。梅克义认为,在生猪产业化发展的过程中,全国范围内相继出现了适应环境变化的各种生猪产业组织。潘国言和龙方运用市场结构(Market Structure)、市场行为(Market Conduct)和市场绩效(Market Performance)的三维分析框架,分析了地方生猪产业内部各结构群体之间的相互关系,解释了各结构群体的策略性行为及其对产业绩效的影响。田丽在对农业产业组织演进及其原因、地方生猪产业组织发展分析的基础上,重点研究了生猪产业组织创新的诱因及其对合作制度的需求,探究了生猪产业组织创新的目标、路径选择及保障机制。

王元宝认为,生猪产业组织演化与变迁实质上是养殖主体在具备一定资源条件和市场保障的前提下,通过不断追求规模收益、解除转换成本约束,实现组织形态的良性演替。生猪产业组织演化与变迁同时受到资源条件、市场条件、规模收益等方面的影响。我国合作社等生猪产业组织发展较晚,产业组织体系在基本建构的基础上不断演化。李建平、张存根研究发现,在20世纪90年代,农业产业化经营方式的推广,为我国生猪产业组织模式发展带来了新契机。梁振华、张存根则认为,推行产业化经营,实行生猪产销一体化策略,打造跨地区、跨所有制的生产联合体等组织模式,成为20世纪90年代以来社会各界积极倡导和实践的主要模式。傅琳琳的研究认为,随着21世纪的到来,我国的生猪产业化经营创新演化及推广取得了新的进展,生猪生产组织模式的实践应用也得到了进一步拓展。通过实践,探索出许多有效的新模式,包括生猪产业一体化的组织模式、基于生猪养殖规模建构的生产组织模式、由分散的各环节组织载体合作形成的生猪产业组织模式,以及根据利益分配或划分的生猪产业组织模式等。

(三)专业化分工理论

分工是人类社会中普遍存在且十分重要的现象。古希腊哲学家柏拉图认为,分工的一个重要本质特征就是工作的专业化。在他看来,专业化的核心在于人们只干他们擅长的工作。此外,分工还具有整体性,各类人员在分工体系中既为别人服务,也享受别人提供的服务。分工者在彼此交换的服务中,通过频繁的联系,形成一个有机的整体。英国经济学家亚当·斯密在著作《国民财富的性质和原因的研究》中,全面系统地阐述了分工理论。研究了分工与交换的关系、个人才能差异与分工的关系,并深刻阐释了专业化分工对生产力发展的推动作用。

美国经济学家阿林·杨格在斯密劳动分工思想的基础上,提出了"迂回生产"的概念。他指出,分工的水平不仅依赖于市场容量,而且市场是由个体是否参加分工的决策共同决定的。因此,市场容量也受分工水平的影响,而其中最重要的分工形式是生产迂回程度的加强及新行业的出现。宋亦平研究分工、协作与企业演进发现,产业间分工使得迂回生产链加长,也使得市场规模扩大,而扩大的市场会促进分工的进一步细化。

生猪产业链包括上游的饲料行业、育种行业和疫苗行业,中游的生猪养殖行业以及下游的屠宰行业等。单个企业或组织难以独立支撑全产业链的运行,即便是以集团形式拥有较长产业链条的企业或组织,其内部也必然存在生产分工。因此,生猪产业链的专业化分工不可避免。而且随着猪肉产品的需求细化与生产行业的细分,更多类型的企业和组织参与生猪产业链中,引致生猪产业化分工协作特征更加突出。学者们以专业化分工为基础,针对生猪产业化独立支撑能力与效率展开了研究。万俊毅研究合约履行发现,不同组织形式的制度安排不同,对公司与农户两类经济主体分工与协作的影响程度不同,致使不同"公司+农户"经营模式效率不同。韩纪琴和王凯研究了中国生猪屠宰和猪肉加工企业,与其上游供货商之间的垂直协作程度对质量管理的影响,以及垂直协作程度和质量管理对企业营运绩效的影响。王志涛和李馨认为生猪全产业链模式本质上是将生猪产业链上下游企业间分工生产内部化,即从源头到终端、从农户到消费者形成一体化的内部治理机制。在理论探讨生猪养殖专业化分工效率发生机制的基础上,沈鑫琪对养殖专业化分工的生产率效应及其差异性进行了实证研究。这些研究揭示了专业化分工对生猪产业化经营的重要作用,能够大幅提升生产效率。

(四)契约选择与合作治理理论

契约,俗称合同、合约或协议。卢现祥、朱巧玲认为,从现代法律经济学的角度出发,契约可理解为对资源流转方式的一种制度安排,对交易双方的关系、权利与义务进行了明确的规定。薛莹则认为,在现代经济学中契约的概念比法律上的契约概念更为广泛,从广义上可以分为正式和非正式(口头)、显性和隐性、激励型、自我执行以及第三方执行的契约,还包括关系性契约。各行业主体订立契约的一个重要原因,是降低交易成本、规避交易风险。契约是参与主体在明确各自权益和责任的前提下,对各自所拥有的资源进行交换的一种约定。契约选择涉及交易主体之间的利益交换与保护,与此相辅相成的还有合作治理理论。合作治理理论源于西方社会,是西方国家为解决跨区域、跨部门的公共问题而产生的一种新的治理形式。由于合作治理在解决经济和社会发展中问题的作用突出,合作治理的相关研究和应用随着社会的发展,越来越受到学术界和实务界的重视。陈升等在研究合作治理模式时发现,合作治理以增进共同利益为导向,通过网络化的互动结构,实现参与主体的平等地位。政府、社会与市场等主体在政策制定与实施中,平等磋商,齐心协力,持续创造最大化的利益。

在现实生产过程中,生猪养殖户、经营者等各类生猪产业主体出于对自身权益的保障需求,运用现代契约关系的工具,明确双方或多方合作的权利与义务。由于不同养殖主体所拥有的资源不同、讨价还价的能力不同、获取信息的难度不同以及承受风险的能力不同,政府、农户、企业等主体之间的契约关系呈现多样性,且往往会选择不同的契约模式。其中,农户参与契约的重要原因是规避风险,在契约模式下,保证生猪销售渠道与产品价格的稳定性,提高应对由生猪供需不平衡引起的猪价周期性变动风险的能力。政府、企业等组织参与契约则更多出于稳定经济社会、保障食品安全、满足发展需要等目的。无论哪类主体参与,都是期望通过合作来稳定生猪产业的发展,从而增进各自的利益。各类主体在生猪产业化经营过程中,获得平等地位的约定也尤其重要,这是确保各方积极参与产业化经营的重要前提。特别是,在面临生猪及猪肉产品市场风险时,各方地位平等,相互影响,促使双方不得不协同参与策略的制订,以合作者的姿态共同应对风险,这对于产业化经营者在合作中稳定彼此关系至关重要。

第三章

生猪产业化经营模式
及其创新的诱因

一、传统的生猪产业化经营模式及其演进

农业是国民经济的基础,畜牧业是农业的重要组成部分,没有畜牧业的农业很难起到国民经济的基础性作用。对于我国畜牧业而言,生猪是其必不可少的部分。稳定生猪生产一直是我国畜牧业发展的首要任务。进入21世纪以来,为保障重要农产品有效供给、有效满足人民群众对美好生活的需要,我国各级政府高度重视、大力推进伴随农业生产经营模式演变形成的生猪产业化经营模式创新与推广。

(一)生猪产业化经营模式的内涵

1.生产经营模式

模式是相对稳定的组织或机体的运行形式,生产经营模式的形成与生产经营方式及其变迁密切相关。生产方式是物质资料生产的实现方式,经济学里把生产的技术方式或不同的生产方法称为"生产方式",在农业中即表现为农业生产方式。经营模式强调的是市场条件下以营利为导向向客户或消费者提供产品或服务的具体实现方式,强调与外部主体的交互与合作,涉及"基于市场需求生产什么?""如何基于市场需求组织生产?""生产出的产品如何更高效地推向市场?""如何更具时效性地将产品送到客户或消费者手中?""在生产经营过程中如何保障赢利?"等问题的解答。生产经营模式是在特定历史阶段呈现的相对稳定的产品或服务生产经营方式,在市场经济条件下代表特定产品或服务的商业运营模式。生产经营模式受不同阶段技术变革、市场需求、主体结构、产业结构等多维因素的影响。其中技术因素发挥着至关重要的作用。随着技术演化、社会经济发展,各行各业会形成自己的生产经营模式。从历史演进来看,农业生产依次经历了原始农业、古代农业、近代农业和现代农业等阶段,不同阶段出现了相应的产业经营模式。原始农业

阶段,主要以石器为工具,依托采摘或简单驯化的养殖和种植方式满足日常生存需要。古代农业主要以青铜器和铁器为工具,以人力和畜力为动力,以初级农产品及简单加工产品满足生产和生活的需要,并进行有限规模的交易。近代农业以工业化为支撑,以机器动力为代表性动力,初级产品及加工产品满足生产生活和更大规模市场交易的需要,依托工业化和专业化分工的深化,产业化发展得以推进。现代农业突出了工业化与信息化的融合,以现代自动化和智能机器为动力,以精深加工为特征,满足生产生活和大规模市场交易的需求。依托工业化和信息化,农业产业的专业化分工与合作更加深入,基于信息化和数字化的产业化重塑得以推进。

2.生猪产业化经营模式

生猪生产经营模式是指生猪生产经营中按不同经济技术条件采取的产业管理方式的总和,表现为生猪生产经营中生产要素的优化配置及其相对稳定的运行形式,如以家庭为主的"小规模经营""公司+农户""产业化合作经营"等生产经营模式。产业是指国民经济中按照一定的社会分工原则,为满足社会需要而划分的从事特定产品生产和作业的部门的集合。生猪产业隶属于畜牧大产业,是直接和间接从事生猪及猪肉制品生产和服务的经营主体的集合。"化"字的含义就是一个发展变化的历史过程和标志,如我国生猪的生产经营曾经经历了国有或集体经济的统一经营、承包经营和租赁经营、家庭经营,以及贸工牧一体化方向的产业化经营等。产业化则是依托产业内外的专业化分工、产业内经营主体的联合与合作,以市场需求为导向实现产业链整合与集成的过程及结果。产业化经营则强调依托产业链的整合与集成来满足市场需求、实现产业链主体的盈利,是产业发展到高级阶段的产物。

生猪产业化经营是一种借鉴现代工业运营模式,来组织现代生猪生产和经营的模式。生猪产业化经营是以国内外生猪及其制品市场为导向,以提高经济效益为中心,以科技进步为支撑,围绕生猪产品,优化组合各种生产要素,对生猪养殖加工业实行区域化布局、专业化生产、一体化经营、社会化服务和企业化管理。形成围绕生猪生产的产前、产中、产后,以市场牵龙头、龙头带基地、基地连农户的机制,实现种养加、销供产、内外贸、农科教一体化的经济管理体制和运行机制的总和。因此,生猪产业化经营模式是指按照生猪产业化经营发展要求,通过优化配置土地、资本、劳动力和企业家才能等生产要素资源,实现生猪产业化生产经营的模式。在农户小规模养殖为主要养殖方式的阶段,这种模式主要表现为"公司+小规模养殖户(场)"及其衍生形式;随着农户小规模养殖向适度规模养殖的转变,产业化经营凸显出规模化、社会化、企业化、一体化特征;随着信息技术特别是新一代信息技术的创新融合,生猪产业化经营模式凸显出产业链供应链的智能化与智慧化、精准化特征。

(二)生猪产业化经营模式的演进

经过多年改革与发展,我国生猪产业的经营模式发生了巨大变化。原有的公有生猪业模式,绝大多数都已通过承包转让和作价转让为家庭经营模式,原有的家庭自有生猪业又有了较快的发展,正从农户家庭养猪经营模式向农村规模化养猪和现代化工厂养猪转变,以农牧食品一体化经营的生猪产业化经营模式等得到长足发展。

1.生猪家庭经营模式

生猪产业的家庭经营在现在抑或将来的一定时期内仍将存在,这与生猪家庭经营模式在各方面的广泛适应性是分不开的。

首先,生猪业家庭经营具有适应生猪业技术特点的优势。一家一户的家庭经营模式是多种生产的原始经营形式。在其他产业由于技术发展而不再适合家庭经营时,生猪业技术的发展却并没有影响到其在家庭经营中的适应性。这不只是因为古老的生猪业技术在今天仍然能与现代生猪业技术并存,更主要的是因为家庭生猪业具有吸纳并应用大量现代生猪业技术的潜能。有很多近现代生猪产业技术是可以分散利用的,如优良猪种、配合饲料、人工授精、高效疫苗等都可以引入家庭经营。一些大型生产工具和技术也可以被多个家庭共同利用。所以,产生于远古社会的家庭生猪业,在技术高度发达的今天,仍能保持其独特的适应性,并且随着社会化服务的不断进步,其适应性也得到了进一步增强。

其次,生猪产业家庭经营具有适应不同经济形态的特点。农村经营体制改革前,农户家庭没有独立的经营自主权,主要作为全民所有制、集体所有制条件下生猪经营的微观参与主体,参与生猪生产经营,家庭经营作为公有制、集体所有制经济的内嵌经营形式。农村经营体制改革后,农户家庭被赋予了独立的经营自主权,可以单独作为经营主体从事生猪生产经营,农户经营成为个体经济的实现形式。随着市场经济发展,生猪业生产经营组织形式呈现多元化,农户家庭可以通过与公有制经济组织、集体所有制组织、合作经济组织、企业等多元组织实现联合和合作,成为混合经济形式下生猪经营的微观参与形式。

最后,生猪产业家庭经营具有适应多种不同经营方式的特点。家庭生猪业可以是副业,也可以是主业,因此既可以兼业经营,也可以专业经营,且经营规模可以有很大差异,如专业养猪户的生产规模就比较大;还可以参与多种形式的联合经营。生猪产业家庭经营模式也是发展到今天的生猪产业化经营模式的重要基础之一。

2. 生猪产业的双层经营模式

虽然生猪业家庭经营在技术上有适应性,可以采用多种先进技术,但毕竟规模较小,与大规模经营相比,适应范围、程度和效益有所不同。实行规模较大的集体经营虽然可以增强科学技术的适应性,但在现实条件下,又不利于提高劳动积极性。权衡利弊之后,实行统分结合、灵活调整的双层经营模式是最佳选择,这样既可以发挥集体统一经营的优越性,又能解决家庭办不了和办不好的事情。

统一经营的重要作用还在于它能作为桥梁将社会化服务引入家庭产业,有效解决集体办不了和办不好的事情。生猪业的双层经营与种植业相比有不同的特点。种植业以土地为基本生产资料,生产活动主要在土地上进行,因此种植业的统一经营要求土地邻近。生猪业的统一经营模式,由于空间距离影响小,所以承担这一模式的合作经济组织既可以是本地区的,也可以是跨地区的专业性组织。此外,生猪业的部分统一经营还具有一定的强制性,如易患传染病的生猪,要求实行统一的防疫措施,要求对种公猪进行统一管理、统一配种等。统一经营和分散经营的内容,因不同地区、不同生产方式以及生猪业所占比重不同有很大差异。有的地区,统一经营已达到统一配种、统一防疫、统一采购饲草和规划草地建设等程度,而有的地区统一经营的项目很少,甚至还处于空白状态。

统一经营和分散经营是相辅相成的,会随着经济技术条件的变化而变化。在现实中,双层经营模式的"集体"主要以专业合作社或生猪养殖协会等为主,一方面是联结养殖端,统筹生猪生产经营全过程,统一完成生猪繁育或仔猪的生产供应、饲料的采购、疫病的防控;另一方面是联结市场端,统一与生猪经销商或屠宰加工企业对接,完成市场交易、变现。

3. 生猪联合经营模式

生猪产业链包含供应、养殖、屠宰与初加工、精深加工、流通、销售等各个环节。在市场经济条件下,各个环节可通过市场化交易实现互相联系。在一体化程度较低的情况下,经营各环节的组织之间建立横向联合是为了充分发挥各环节经营主体在资源、资本、能力等方面的比较优势,依托横向联合与合作实现整合与集成,克服单个主体在规模、生产能力和交易能力、风险防范能力等方面的不足,以保证生猪业再生产顺利进行。由于家庭生猪业规模相对较小,在市场竞争中往往处于不利地位,因而特别需要加强横向联合,以巩固和加强其在市场中的主体地位。家庭生猪业联合经营主要以农牧食品一体化组织、生猪业产业集团、公司、生猪业生产者协会和养殖户(场)等形式为主。还有与现代市场经济条件和技术变革相适应的各种经营业态,如线上线下一体化的活体生猪交易、猪肉制品交易以及适应国际销售的经营形式。相较于农牧食品一体的生猪产业化经营模式,生猪联合经营模式的龙头带动能力、专业化分工深度与广度、联结的强度与紧密度都不够充分,市场适应能力、风险抵抗能力、资源整合能力和产业链稳定性都不充分,这也是农牧食品一体化经营模式产生的重要原因。

4.农牧食品一体化的生猪产业化经营模式

为促进我国生猪产业的进一步发展,确保生产的产品能够提高市场竞争力特别是国际竞争力,顺利进入国际市场,我国生猪产业必须遵循世界通用的标准进行标准化生产。新型的农牧食品一体化的生猪产业化经营模式,在20世纪90年代后期应运而生并发展至今。农牧食品一体化经营模式以生猪产品为中心,把生猪业生产、生产资料生产与供应、生猪养殖,以及生猪产品的加工、储存、流通和销售有机地组织起来,形成一个紧密协作的经济联合体。农牧食品一体化与牧工商综合经营是两个不同的概念,牧工商综合经营是指在一个经济组织内多种经营项目的混合经营,只要条件允许且有利可图,无论是工业、农业、商业还是其他产业,都会被纳入经营范围,它不考虑是否与生猪产品生产直接相关。而农牧食品一体化则不同,是以生猪产品生产为中心,把与生猪生产的产前、产中、产后的经济业务相关联的多种企业或生产单位联合起来,组成经济关系密切的联合体。

农牧食品一体化是在生猪业生产专业化和社会化的基础上产生的,生猪产业专业化和社会化程度越高,对工商企业提供高质量生产资料和精细加工生猪产品的需求也愈发迫切。在我国,当前随着生猪业生产专业化水平和生猪产品商品率的提高,为生猪业生产提供所需生产资料和加工生猪产品的工业生产能力增强,交通运输、技术和信息服务的基础设施和服务体系的健全,生猪业中采用农牧食品一体产业化经营的企业数量持续增长,各地积极建立和发展了适合当地条件的如"生猪养殖集团""生猪食品集团公司"等多种形式的农牧食品一体的产业化经营企业。农牧食品一体的生猪产业化经营是生猪业生产专业化和商品化发展到一定程度的必然产物。实践表明,农牧食品一体化经营在促进生猪产业规模化、组织化、市场化、标准化运营方面具有显著的比较优势。具体表现在以下几个方面。

(1)有利于把家庭生猪业与统一市场需求衔接起来,缓解小生产与大市场的矛盾,促进销、供、产协调发展。农牧食品一体的生猪产业化经营,一头连着国内外市场,一头连着千家万户,使生产、收购、加工、贮藏、运输、销售等一系列过程紧密衔接,环环相扣,较好地解决了生产与市场脱节的问题。这种经营模式,通过合同或契约,使养猪农户与加工企业建立起比较稳定的关系,并得到相应的配套服务。这样既减少了生产的盲目性,也提高了生产效益。

(2)有利于解决小规模经营与采用科学技术的矛盾,促进传统生猪业向现代生猪业的转变。农牧食品一体化经营,龙头企业为获得均衡稳定的货源,要求原料生产相对集中,形成适度规模;要适应激烈的市场竞争,龙头企业就要利用信息、人才、资金等方面的资源优势,加速推广先进、精密、尖端技术,增加产品的科技含量,积极引进国内外最先进的技术设备,不断培育和引进优质品种,提高经济效益。农户借助龙头企业的配套服务,尽可能提高生产能力,提高集约化程度,获得规模效益。

(3)有利于分工协作并按标准化生产,实现生产要素的优化组合,促进城乡经济统筹发展。在农村,由于技术和市场的短缺,一些现有的生产要素和新增资源尚未得到充分利用。一些从事生猪产品加工销售和为生猪产业提供生产资料的工商企业扩大生产规模又受到资金、场地、劳动力和市场的限制。因此,可以依托这些大型企业,按照自愿互利、等价有偿的原则,把分散的农户组织起来,发挥各自的长处,实现优势互补。这既有利于农户生产的发展,将农村潜在的生产要素转化为现实的生产力,促进农村分工分业,又有利于生猪企业扩大原料来源和生猪产品销售市场,促进牧工商与城乡经济的统筹发展。

(4)有利于提高生猪产业生产的经济效益。以专业化、规模化、产业化为特征的一体化生产模式具有以下优势:专业化可以带来分工的好处,而规模化合作可以产生规模经济;在生猪产业化经营模式中,牧工商各业的外部联系被转化为内部联系,有效减少了流通环节,节约了流通费用。农牧食品一体的生猪产业化生产,通过技术服务配套的整体效益和先进技术的应用,显著降低了生产成本,从而提高了经济效益。

二、生猪产业化经营项目运营模式及机制

机制泛指在一个复杂的工作系统中,各子系统的构造、工作方式和它们的相互关系,也指一个组织运行机理和制度的总称。生猪产业化经营项目运营机制是关于生猪龙头企业及其他组织与农户在生猪生产过程中所涉及的各种生产要素的组合配置,以及一整套制度和运行机理。从现实中的生猪产业化经营项目多种实践形式抽象出的运营机制一般如图3-1所示。

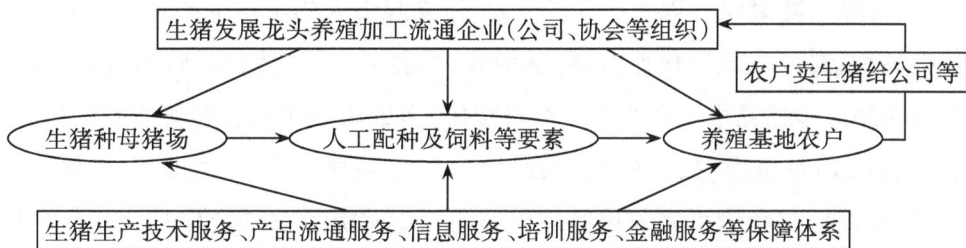

图3-1 生猪产业化经营项目运营机制示意图

生猪产业化经营模式经过多年的生产实践,在生猪产业家庭经营模式的基础上,参与该模式并签约的经营主体主要采用龙头企业带动模式、中介经济组织带动模式、专业批发市场带动模式以及现代畜牧业示范区带动模式等四种主要形式。而在生猪业生产实践中应用最广泛且较成功的是龙头企业带动模式及其衍生形式。

(一)龙头企业带动模式

1.龙头企业带动模式简介

龙头企业带动模式又可分为依托生产养殖型和加工企业型。生猪生产养殖、加工企业与养殖户(场)签订生猪购销合同,生猪养殖户(场)按照公司的生产要求成为公司管理下的"生猪生产车间"。实践中的"生猪生产养殖企业+养殖户(场)"和"加工龙头企业+养殖户(场)"是其基本形式。这种形式以泰国正大集团为最佳典型。泰国正大集团成立于20世纪20年代,是全球最大的华人跨国公司之一。业务涵盖农牧食品、批发零售、电信、电视、制药、地产、金融等多个领域。在中国,正大集团的子公司正大股份,专注于饲料生产、生猪养殖及屠宰业务,是国内领先的农牧食品企业。正大集团通过其子公司正大股份,实行育种、种植、养殖、保鲜、加工、包装、销售一条龙的全产业链模式,面向国内外市场,致力于提供安全、优质的食品。该集团一头联结大市场,一头联结千家万户,进行系列化服务、连贯性作业、

综合性经营,带动全国农业生产。该模式于20世纪80年代传入我国。在我国以"公司+农户"为基础,衍生的形式有"公司+专业合作组织+农户""公司+基地+农户""公司+专业合作组织+基地+农户""公司+政府+农户"等。

这种模式有效减少了生猪养殖户(场)的盲目生产行为,更好地适应了市场需要,改变了单个农户在生猪市场竞争中的被动局面。公司与农户相互合作,双方或多方通过优化配置与生猪生产有关的资金、劳动力、场地、技术、管理等资源,发挥优势互补作用,凝聚成生猪生产发展合力,建立起强大的生猪生产集团。由此实现了优良品种的推广、规模化养殖、科学饲养、品牌运作、一体化经营和效益最大化,以应对激烈的市场竞争。在生猪生产过程中,多数由公司负责饲料的采购和生产、药物和种(猪)苗生产、技术研究和普及培训、生猪质量验收、生猪及其制品销售等,生猪生产农户负责生猪养殖管理。公司与生猪养殖户的合作是一种生产行为的自愿组合,即与公司合作的农户实际上是公司的生猪生产车间,要按公司的生产管理和技术标准生产生猪。农户饲养的猪群产权属公司所有,生猪饲养过程类似于制造业中的来料加工。生猪的销售属于自产自销给公司,农户的利润为加工费用。合作双方或多方形成利益共同体,利益共享,风险共担。

2.龙头企业带动模式的运行

龙头企业带动模式中的龙头企业为农户提供产前、产中、产后一条龙服务,这是一种"龙型"经济格局。这一模式通常遵循以下七个步骤。

第一步:农户申请养猪。农户和专业户须具备养猪的必备条件,包括合格的场舍、配套养殖设备、一定资金、高度责任心及与公司真诚合作的精神,然后农户或专业户凭身份证到龙头企业服务部索取并填写养猪申请表,提交审批。

第二步:公司场地考核。公司批复后,服务部派出专门人员进行实地考察。若场地符合公司标准,农户则按照公司规定的猪舍布局与建筑要求修建猪舍。

第三步:农户到公司开户。在猪舍布局、建筑、排污、交通等养殖条件达到公司标准后,农户即可到公司服务部开户。

第四步:农户缴纳周转金。农户凭服务部实地考核同意的表格和证明书到公司财务部办理开户手续。办理开户手续时,农户将支付每头生猪200至400元不等的养猪周转金,或按照约定金额缴纳。

第五步:农户领取猪苗。服务部从养殖户缴纳周转金之日起就会安排领猪苗的时间,养殖户将会提前大约5~10天接到领猪苗的通知。农户先到服务部办理领猪单、养猪免疫卡等手续,然后自带已消毒的运输工具及保暖、防雨用具到指定种猪场准时领取猪苗。领到猪苗后,于当天携带磅码单到服务部电脑室办理转单入账手续,并领取"领物登记簿"。

第六步:领物料及获取技术服务。农户凭借"领物登记簿",以记账方式前往相关部门领取饲料与药物,无须即时支付现金,而是在生猪上市后统一进行结算。同时,服务部的兽医、技术咨询服务点均提供免费的专业技术咨询服务。

第七步:农户生猪销售。农户凭公司营销部的生猪上市通知,将达到标准的生猪运到公司营销部或由公司到指定地点统一过磅收购。

3.龙头企业带动模式主体的权责

农户生猪生产用的猪苗、饲料、药物、疫苗等由龙头企业按内部价格登记提供,不与市场实际价格挂钩。在猪的饲养过程中,龙头企业可根据养户与公司的双方利益进行适当的价格调整,包括已使用的物料或正在使用的物料,以及已回收的生猪或未回收的生猪。在这一模式下,权责主体涉及的方面包括:

第一,公司与农户的权利。

公司的权利包括负责设定猪苗、药物、饲料等物资的领用价格以及生猪的回收价格;制定生猪饲养管理各环节的技术规程;调整合作周转金和欠款的利率;对损害公司利益的农户进行追责,并对缺乏合作诚意的养殖户解除合约;同时,公司负责回收符合标准的生猪,并规定生猪所需饲料及药物的合理供应比例。农户则享有以下权利:要求公司按照约定的价格回收其饲养的生猪;在一批猪结算完毕后,可选择解除与公司的合约;拒绝接收不符合公司质量标准的物料;监督公司提供的技术服务;要求公司提供生猪生产全过程的成套技术服务等。

第二,公司与农户的责任。

公司的责任涵盖为农户提供生猪生产的全链条服务,包括以记账形式供应饲料、药物和猪苗,并按约定价格回收达标生猪;同时,为农户提供猪舍选址、建造、生猪饲养、疾病诊断等全方位技术指导服务;并对合作农户进行生猪生产专业技术培训。农户的责任包括使用公司提供的饲料、疫苗等进行生猪饲养管理;按照公司有关饲料、药物、疫苗、卫生清洁等的标准饲养好生猪,杜绝有损公司和农户利益的不良行为;严格执行公司约定,如将生猪交由公司回收。

第三,龙头企业提供服务。

提供生猪生产用猪苗、饲料、药物和防疫疫苗等生猪生产必需品;制定生猪免疫流程,指导场舍建筑设计与施工,普及生猪养殖技术,提供兽医诊断咨询、疾病防治及现场技术指导等多样化技术服务。按约定回收达标生猪,协助农户处理不合格生猪的销售问题;结算时提供包括物料领取、上市率、料肉比、盈亏情况等财务清单的系列财务服务。

第四,农户应遵守约定。

(1)领猪苗约定:按领猪苗的通知要求,农户在指定时间到相应地点领取合格质量的猪苗,做好消毒、保温与通风等运输的准备工作,猪苗发出后,若出现丢失、死伤情况,将由农户负责;与公司合作养猪期间,农户不能私自从其他渠道购买猪苗或其他类动物回来饲养,也不允许将公司生猪苗外卖;农户领取生猪苗时应按公司规定标准当面验收猪苗的数量和质量;生猪苗一般为13—17千克,精神活泼,体格健康,外表无残缺畸形。

(2)领物约定:农户须自备运输工具,并确保其清洁消毒。凭借"领物登记簿",农户可前往公司领取饲料、药物及疫苗等物资。建议农户每周领取饲料一次,喂养时应遵循"先进先用"的原则,以确保饲料的新鲜度和质量稳定。严禁使用结块或发霉的饲料。饲料应储存在干燥、通风、阴凉的地方,并采取防鼠、防雨措施。存放时,饲料应放置于离地面30厘米、离墙20厘米的支撑物上。农户应按照公司的免疫接种程序进行疫苗接种,合理使用饲料、药物和疫苗,严禁滥用或私自购买,也不得将公司提供的饲料和药物转卖或挪作他用。在每个饲养周期内,公司将为每头生猪提供4至5包系列猪饲料,领用价格以公司最新公布的为准。对于每头约90千克的生猪,推荐用量为每包40千克,具体分配如下:小猪(44千克)1.1包,中猪(48千克)1.2包,大猪(88千克)2.2包。

(3)饲养管理约定:执行公司订立的猪场卫生防疫制度,做到养殖环境的清洁及流行疾病的控制,听从技术人员的专业指导,只能使用公司指定的饲料饲养生猪;饲养期间,不准闲杂人员进入猪场,猪场内及周边不准饲养其他家畜,应按照公司制定的饲养管理措施进行饲养管理(更具体的生猪饲养管理相关章节已详述)。

(4)生猪上市约定:农户根据生猪上市通知,将生猪送到公司指定地点或由公司负责收运,做好生猪保护工作,减少损耗,成品生猪全部由公司定级回收,不私自变卖或从市场购回生猪充数给公司;成品生猪以平肚上市,不能以任何手段把猪喂得过饱;残次猪等不能强迫公司回收或强迫客户购买;猪出栏时要做好降温、保温等措施。

(5)农户结算约定:农户所饲养的生猪上市后,饲料消耗要达到肉料比1:2.4至1:2.6。生猪全部上市后的第二天,农户凭户主身份证、磅码单、"领物登记簿"到公司服务部进行结算;农户交付的周转金及领取物料的费用,将实行双向计息结算,并提取本批猪的约定毛利;农户如需继续合作,可在结算当天向财务部申请订购猪苗。对于新增订购或停止合作的农户,须按约定重新办理手续。一旦订购猪苗,将不允许再取款,特殊情况须经公司批准。

4.龙头企业带动模式示例

以年产100吨老腊肉的生猪养殖加工龙头企业为例,带动所在地生猪生产农户协同推进生猪产业化发展。牧业开发有限公司是集养殖、腌腊制品加工、农副产品加工于一体的综合性农业产业化龙头企业。该公司厂房占地面积20亩(约13333平方米),每年生产腊肉20吨、白酒109.8吨、豆腐干23.6吨、食用混合油52.52吨。该场内建有公猪舍(养公猪9头)和母猪舍(养母猪211头),年提供单月龄断奶仔猪3400只,以及育肥猪猪舍(年出栏肥猪800头)、屠宰坊(年屠宰生猪3000头)、腊肉加工房、饲料加工坊(加工本场养殖所用的饲料和提供给当地农户用的预混合饲料)、酒坊(年加工玉米119.6吨)、油坊(年加工油菜籽106.2吨)、豆腐坊(年加工大豆11.8吨)等。为带动当地农户致富,每年提供2500头仔猪给当地农户饲养(按90%的成活率计算,可出栏2200头),并与农户签订合同,暂不收费,待育肥后根据市场价格回收(再扣除预混合饲料费和仔猪费)。为降低成本,养殖场的饲料由自己加工,加工饲料所用的原材料以酒糟、豆渣、油枯为主,配以玉米、大豆、聚合草和饲料添加剂等。将玉米、大豆、菜籽油分别加工制成酒、豆腐干、菜油,其副产品酒糟、豆渣、油枯作为饲料加工的主要原料,因此在该场地配备了酒厂、豆干厂和油厂。牧业开发有限公司负责为定点农户提供养猪所需的预混料,该预混料由油枯、豆渣、酒糟、饲料添加剂组成,而青饲料和玉米则由农户自己解决。定点农户在养猪过程中所需的饲养技术、防疫、兽医等服务,均由牧业开发有限公司免费提供。公司所在的乡镇,生猪养殖历史悠久,养殖业基础良好,广大农户具备充足的饲草料等条件。该生猪养殖加工龙头企业——牧业开发有限公司的100吨老腊肉综合项目产业化运行情况如图3-2所示。

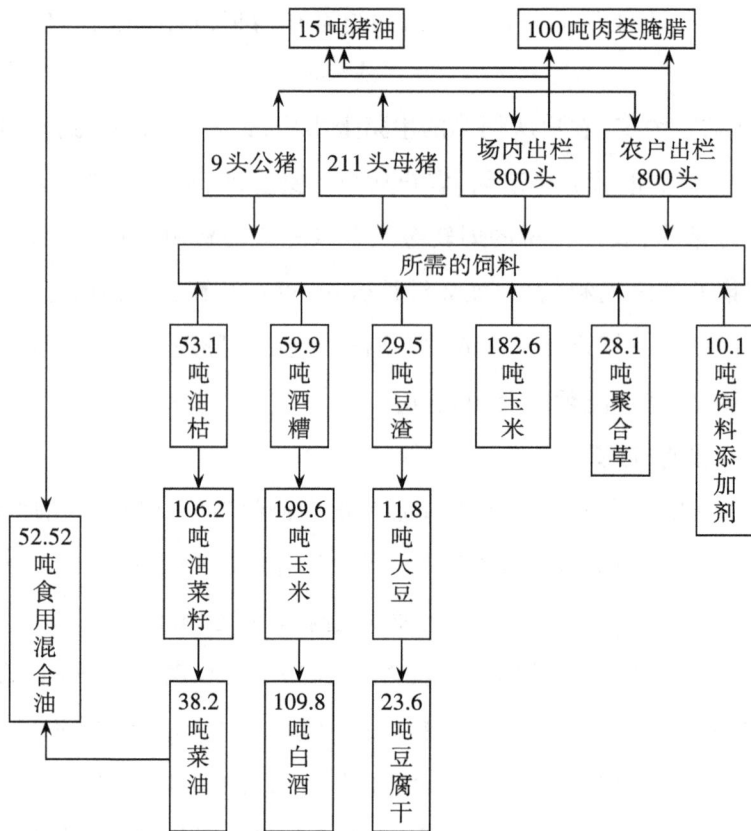

图3-2　龙头企业带动模式的运行示例

(二)中介经济组织带动模式

1.中介经济组织带动模式简介

中介经济组织带动模式也可称为"依托行业协会型"。生猪生产农户与专业合作经济组织、专业协会签订生猪产品生产销售合同或松散型协议,发展生猪产业。实践中存在"行业协会+农户""专业合作经济组织+农户"等形式。生猪生产的农户中介合作经济组织主要有农民生猪生产专业合作社、农民生猪生产股份合作社和农民生猪生产专业协会等类型。

该类模式中的中介经济组织以服务生猪生产农户为宗旨,由养猪农户自愿组成。中介经济组织向生猪生产农户提供生猪市场信息、养殖材料及技术等;对内服务农户,协调行动,统一标准,不以营利为目的;对外统一经营,直接进入市场,追求利益最大化;每个成员既是利益的共享者,也是风险的承担者;合作是前提,能者牵头,多种形式,共同发展。可以由养猪专业大户牵头组建养猪协会,大型生猪生产企业牵头组建协会,流通领域的骨干企业牵头并在政府的经费和业务支持下创办协会,生猪产区的乡镇政府牵头创办协会,村社牵头创办协会,供销合作社牵头创办协会等。

2.中介经济组织带动模式的运行

中介经济组织带动模式的运行也有与前述龙头企业带动模式运营类似的地方,比如有的以契约形式,由协会统一订购或获取生猪生产所需的饲料、药物、猪苗、生产技术等,统一对外销售成品生猪等。从全国各地的生猪生产实践发展来看,协会等合作经济组织确实能给养猪农户带来多方面的实惠,不仅提高了生猪产业化、农民组织化、生猪产业现代化水平,而且是协调养猪农户和市场之间利益关系的媒介,对解决农户之间以及农户与市场之间的矛盾和利益冲突起到了较好的协调作用。

(三)专业批发市场带动模式

1.专业批发市场带动模式简介

专业批发市场带动模式也可称为"依托市场型",即大中型的生猪(肉)专业批发交易市场与生猪生产农户签订生猪购销合同,或给养猪农户提供生猪交易平台,以此带动生猪产业的快速发展。实践中有"市场+农户"和其衍生形式"市场+专业合作组织+农户""市场+基地+农户"等。通过大型的生猪(肉)批发实体交易市场和网上市场、期货市场等销售渠道,将农户饲养的生猪销售出去。农户可以通过降低成本,提高生猪销售效率。结合当前生猪养殖成本分析,农户依托专业批发市场,特别是线上线下交易平台销售活体生猪,有助于降低交易成本,在选择最佳销售时机的同时保证适度利润,进而有助于推动生猪产业化的持续发展。

2.专业批发市场带动模式的运行

专业批发市场带动模式的运行分为严密的购销契约和松散的市场契约两种方式。严密的购销契约运行是指生猪专业批发市场以约定的生猪标准和价格收购农户的生猪并销售出去,各自获得相应利润;或者生猪专业批发市场以拍卖的形式销售农户的生猪并获取佣金。松散的市场契约运行是指农户自主在生猪专业批发市场进行生猪交易,这是一种市场契约式的合作方式。传统的专业批发市场模式的有效运行依赖于市场制度的完备性。在市场及其运行机制不完备的条件下,养殖户面临严重的信息不对称,无法有效获取市场供求信息、价格信息,导致在销售时机选择、价格议定等方面都处在劣势,不利于养殖户利益的保障和市场的稳定运行。这种模式有序运行依赖于工商、物价等部门的市场管理体系与能力,针对囤积居奇、哄抬物价及扰乱市场价格秩序等违法行为,必须采取严厉的措施予以坚决打击,以确保物价稳定,市场秩序井然,同时规范生猪市场交易,促进生猪专业批发市场引领生猪产业化发展。线上线下一体的专业市场模式,依托其信息化优势,能够以拍卖的方式展示交易信息,依托信息追溯系统实现养殖全过程透明追溯,并能全景展示全国生猪价格变动信息,有助于减少交易双方或多方的信息不对称,引导养殖户相对合理地选择交易时机。在实现生猪供需双方信息公开、共享的情况下,可以减少因信息不对称导致的谈判不公平,保证交易的公开性、公平性和规范性。

在生猪专业批发市场带动模式运行中,还有流通组织的参与。这些流通组织包括经销公司、经纪人、客商等,它们与生猪生产农户之间形成了紧密的联合。一些生猪经纪人的参与,极大地协助了农户销售生猪。例如,有"中国畜牧科技城"之称的荣昌区,在以线上线下协同交易为特征的国家生猪交易市场充分发育成长之前,有数百名生猪经纪人(俗称"猪贩子"),以及数量可观的生猪流通企业参与,推动荣昌猪及商品猪的产业化生产发展。在实践中,形成了多种形式的联合,如"流通企业+农户""超市+专业合作组织+农户""生猪或猪肉储备库+农户""超市+基地+农户"等,这些形式共同保障了生猪产业化发展。

(四)现代畜牧业示范区带动模式

1.现代畜牧业示范区带动模式简介

现代畜牧业示范区的带动模式是党和国家根据区域经济发展和比较优势理论确立的生猪产业化发展带动型模式。该模式融合牧工商、种养加、产供销、农科教、研学产等为一体,具有区域化、专业化、产业化、现代化、示范化综合功能,从而全面带动区域内、周边,乃至全国的生猪产业化集聚或集群发展。

目前,我国已确定的国家现代畜牧业示范区是重庆,首个国家现代畜牧业示范区的核心区已被农业农村部确定设立在重庆市荣昌区。示范区于2009年下半年正式开工建设。之所以选择荣昌,主要考虑经过多年的快速发展,荣昌区已经在畜禽品种资源、畜牧科教、畜牧产业集聚、畜牧人才、区位交通、体制政策等方面形成了比较优势。具体表现在以下几个方面。

一是荣昌区拥有被誉为世界八大、中国三大优良地方猪种之一的"荣昌猪"等丰富的畜禽品种资源，具备显著的资源优势。

二是荣昌区境内有西南大学荣昌校区(原四川畜牧兽医学院)、重庆市畜牧科学院、重庆市种猪场等教学、科研单位，从而拥有科技人才和科研平台，形成明显的科技优势。

三是荣昌区拥有中国西部地区规模最大的饲料兽药市场——重庆畜牧科技城西部饲料兽药畜产品市场，市场体系健全，具有突出的市场优势。

四是荣昌区基本具备较为完整的畜牧业产前、产中、产后产业链条。据《荣昌猪志》记载，2007年荣昌畜牧业产值占农林牧渔总产值的比重高达44.87%，接近45%，2008年提升到48%。作为全国重要的仔猪生产基地，2007年存栏能繁母猪12.4783万头，2008年和2009年能繁母猪存栏量均接近13万头；2007年外销仔猪及加工乳猪数量135.6万头，2010年达到135.33万头；2007年和2008年出栏肥猪数量分别为63.372万头和67.0095万头，2009年至2015年肥猪出栏量均超过70万头。在屠宰、猪肉加工方面，荣昌区具备充分的肥猪屠宰加工能力和猪肉加工能力。这些数据充分展示了荣昌区在生猪等畜牧产业方面的显著优势。

五是荣昌区作为我国目前唯一的畜牧科技类专业城——中国重庆畜牧科技城的所在地，同时也是中国畜牧科技论坛定点举办地，具备畜牧科技论坛会展优势。

六是荣昌区位于川渝接合部，地处我国重要经济增长极——成渝地区双城经济圈的核心地带，是重庆的西大门。它与四川、贵州、云南等省紧密相连，交通便捷，具有东西传递、双向开发、全面辐射等显著的区位优势。多维优势的集成，为荣昌区先行设立为国家现代畜牧业示范区核心区提供了有力支撑，也为后续引领生猪为代表的畜牧业发展奠定了坚实的基础。

2.现代畜牧业示范区带动模式的运行

现代畜牧业示范区带动模式的运行以"政府搭台，企业唱戏，农户参与"为主要特征。自2009年启动建设以来，荣昌区作为现代畜牧业示范区的核心区域，着力推进国家级平台的建设、产业链的完善与强化，以及数字化的转型和升级，涵盖以下几个关键方面。

一是成功获批建设国家现代农业示范区、全国首批"荣昌猪"特色农产品优势区和优势产业集群、全国首个以农牧为特色的国家高新区、国家级生猪市场、国家级生猪大数据中心、国家级生猪技术创新中心、国家级荣昌猪保种育种场、国家现代畜牧科技产业示范园等一系列国家级平台,每两年定期举办一次"中国畜牧科技论坛"和"动物环境与福利化养殖国际研讨会"。

二是着力补齐产业链短板、提升产业链竞争力。强化了"荣昌猪"种质资源的保护与开发、基因改良与繁育工作,着力推进了产业经营主体特别是龙头企业的引进与培育,初步形成了畜牧养殖、饲料生产、生物医药、畜牧装备制造、畜牧交易等上中下产业链条。根据2025年荣昌区人民政府网站关于荣昌区高新区基本情况的介绍,截至2024年,荣昌高新区拥有澳龙生物、铁骑力士等国家高新技术企业252家,拥有市级"专业化、精细化、特色化、新颖化"发展特征的企业143家、国家级"小巨人"企业4家,创新研发孵化平台累计达231个,拥有华森制药国家级企业技术中心等市级平台87个,有力支撑了生猪产业的产业链提质升级。

三是推进了生猪产业的数字化转型升级,建成了国家生猪交易市场、生猪大数据中心,辐射带动周边乃至全国生猪产业数字化转型,取得了卓越成效。

四是着力破除阻碍产业链供应链提质增效的痛点堵点,逐步解决了生猪等畜牧业生产方式和增长方式落后、畜产品质量安全水平有待提升、各环节利益联结不紧密、畜牧业发展融资难、畜产品商品化率低和市场波动性大等问题。

现代畜牧业示范区主要通过区域产业集聚与集群打造促进生猪产业化和高质量发展。依托生猪产业链主体,特别是龙头企业引育并实现空间集聚、合作竞争,补齐、延长、做强产业链供应链,提升产业科技研发推广与数字化转型升级能力,进而引领、带动生猪产业高质量发展。在现实中,也普遍存在科研院所带动模式、龙头企业带动模式、专业批发市场带动模式以及一体化企业带动模式等多种运行形式,通过要素契约或市场契约机制,携手产业经营主体共同推动生猪产业化经营模式的创新发展。

三、生猪产业化经营模式创新的诱因

(一)消费升级与猪肉产品价值诉求变革诱因

消费升级是指居民消费支出在微观结构和层次上的显著提升,例如,居民消费从基本生存需求向发展和享受需求、从物质消费向服务消费转变。根据经验事实和消费理论,居民的消费水平直接受到收入水平的影响。谢呈阳等在研究制造业价值链攀升时发现,居民收入水平较低时,消费层次也相对较低;反之,收入水平较高时,消费层次则相应提高。随着我国居民收入水平的持续提高,其消费需求和层次也相应地得到提升。猪肉作为居民日常消费中的重要组成部分,其消费模式也必然随着整体消费升级而发生改变。同时,随着我国居民健康意识的不断增强,鲜肉和肉制品市场也呈现出消费升级和结构调整的趋势。消费者对营养和品质的关注日益增加,导致牛羊肉、水产品、海产品等高端肉类的消费比例逐渐上升,而传统肉类如鸡肉、猪肉的消费比例则相对减少。这一变化要求猪肉产品必须提高其价值,以满足居民对猪肉产品高价值和多样化的需求。

消费升级不仅要求产品质量的提升,还要求食品的可追溯性,从而全面推动生猪产业化经营模式的变革。一方面,消费升级将吸引更多的发展基金和资金投入生猪产业,通过实施标准化生产、加工设施改造和技术装备水平的提升等措施,在小包装分割肉、肉制品加工以及调理类和调味类产品生产等方面实现肉类的精深加工,进而推动猪肉产品的升级和结构调整。另一方面,为了适应猪肉产品升级和食品追溯的需求,传统的生猪调运方式将发生改变,从"运猪"向"运肉"转变,并逐步减少活猪跨省(区、市)的长距离调运。随着新一代信息技术的创新发展并与生猪产业的深度融合,生猪产业的互联网生态将逐步形成,这将进一步推动生猪产业经营企业及产业链的转型升级和效率提升,支持屠宰企业肉类冷链物流配送能力与产品服务质量的提升,加速生猪产业化经营模式的变革。

(二)养殖技术变革与生猪养殖主体结构变迁诱因

近年来,生猪养殖技术持续发展,使得生猪产业得到长足发展,整体养殖成本显著降低,在一定程度上为养殖收益的维持与提升创造了条件。传统养殖模式以养殖户(场)为主体、纵向一体化为主要特征,信息、养殖技术、资金、服务等要素的可获得性程度较低,经营决策、养殖过程往往凭经验,表现出很强的盲目性,难以有效保证决策的科学性和养殖的高效率。张琳、王永茂认为,随着现代科学养殖技术的创新发展、社会化服务组织的发育成长,包括养殖环境优化、遗传改良、饲养管理、监控技术和疾病预防等关键养殖技术都在不断进步。养殖技术变革进一步推动了养殖主体结构变迁。养殖技术变革要求养殖主体具备科学的养殖能力,对养殖主体的知识水平和技术水平提出了更高要求,倒逼普通散养户或小规模养殖主体提升技术识别与吸纳能力,推动了生猪经营户(场)的能力结构与主体结构升级。拥有充足的资金和技术研发能力的大型养殖企业,凭借规模化养殖和规范化运营的优势,能更轻松地掌握先进的生猪养殖技术,并能在养殖技术方面取得更显著的突破与进展。因此,生猪养殖主体正经历着散养和小规模向大规模养殖主体的转变。

无论是生猪养殖技术变革,还是养殖主体结构变迁,都会显著影响生猪产业的组织和经营模式。大规模、规范化、标准化养殖的快速发展,虽可以依托和养殖户(场)的联合与合作,带动小规模经营主体的生存和发展,但也会在技术采纳、服务获取、市场进入等维度对小规模经营主体产生挤出效应,推动粗放圈养方式逐渐退出。现代生猪产业化经营模式通过智能设备,可以实现对养猪场中猪只进行密切监控与喂养,大幅节省了时间与成本,无须过多投入人力管理,同时有助于实现管理的精细化和精准化,推进了生猪经营模式的升级换代。王灵涛通过研究生猪养殖技术的发展趋势认为,未来生猪养殖技术将向自然养殖、产业养殖、立体养殖等多方向发展,这也必然带动养殖方式、养殖主体结构和经营模式的进一步变革。

(三)交易技术变革与交易效率提升诱因

交易技术是指人们根据交易实践经验和交易原理所发展出的操作方法与技能。当前,随着互联网金融、互联网电商、社交电商等新技术和平台的运用,在线交易、线上线下融合交易为生猪交易技术变革带来新的发展机遇,注入新的活力。沈立群通过研究交易方式变革认为,网络技术的发展与应用为传统交易方式带来了创新性变革的契机,简化了组织交易的形式,极大地提高了交易的效率和效益。与此同时,线下交易技术在物流、人流等方面的发展也取得长足发展。整体来讲,基于信息技术特别是新一代信息技术的新交易技术的运用、推广给整个市场交易带来了深远影响,有力助推了全球性竞争市场的形成,使交易时间缩短到几分之一秒,为市场参与者提供了诸多便利。

当前以养殖户(场)为代表的散养、小规模养殖仍主要采用传统的养殖模式,交易也主要采用经销商上门方式,难以实现优质优价。在传统生猪交易方式下,现金交易、现货交易仍占据主导地位,交易各方在生猪质量和安全方面面临突出的信息不对称挑战。由于信息追溯系统缺失,难以实现质量与价格水平的精准匹配。随着发达省市禁养政策的实施,生猪主产区和主销区之间的生猪跨区域流通迅速崛起,为实现稳定的猪源供应,屠宰企业更倾向于采用合同猪模式,生猪期货交易方式逐渐兴起。在产业互联网生态发展演化并与产业融合的背景下,生猪交易将打破信息不对称的局面,推动传统生猪产业链的转型升级,加快跨区域交易、线上交易、期货交易、线上线下融合交易等新兴交易方式的发展,促进生猪交易效率提升与良性发展。

交易技术变革将为生猪交易市场带来巨大的发展机遇,为市场交易模式注入强劲动力。通过建立技术交易平台,养殖户可以与经销商、屠宰加工企业直接交易,减少中间环节,降低交易伙伴搜寻、生猪信息搜寻以及信息不对称可能引发的交易成本,也有助于降低交通成本和因出售时机选择偏差带来的机会成本,使价格波动幅度减小;养殖户也可以摆脱对单向销售的依赖,扩展自己的销售范围,从而提高交易效率;屠宰企业亦可以开拓采购渠道,扩大采购半径,稳定猪源;此外,还可以缓解猪肉质量安全信息不对称问题,实现质量高低与价格水平的精准匹配。因此,周清杰认为,交易技术的变革为我国生猪交易模式的转型升级提供了强力支撑。

(四)信息技术发展与产业融合创新深化诱因

随着以物联网、大数据、云计算、区块链、人工智能等为代表的新一代信息技术快速发展,数字技术与信息技术的兴起使产业之间的边界越来越模糊,产业间交叉融合发展趋势愈发明显。现代信息技术发展是推动产业融合的直接动力,主要体现在技术进步和创新对生产技术、加工工艺、交易方式方法等传统产业技术的替代或改进上。叶云等研究农村一二三产业融合发现,新一代信息技术通过渗透和扩散影响相关产业,使原有产业的产品或服务技术路线发生变化,进而改变其生产成本结构,为产业融合提供了强大的动力。

信息技术是一门集计算机网络与数据工程于一体的科学,能够广泛拓展并运用到生猪生产管理的各个环节。陈主平等研究信息化对生猪产业的影响,认为现代信息技术逐渐渗透到生猪产业领域,并逐步应用于生猪产业的生产、加工、流通及销售等全过程。在生猪生产前,经营主体可以通过生猪产业公共平台采集和公布的信息,获取一定时期内生猪的存栏总量及结构情况、饲料价格状况、生猪市场价格等养猪业相关的信息,进而预测养猪业的基本情况与趋势,为生猪生产提供参考。在生猪生产中,信息技术可应用于饲料和营养管理、良种选育及优化、环境自动调控、风险预警与应对等环节,以提升生猪精细化和规模化养殖效益。在生猪生产后,信息技术还能通过产品交易平台化、产品交易合同化、产品质量可追溯等方式,影响生猪交易方式和效率。现代信息技术与生猪产业深度融合,能够衍生出基于物联网、大数据的智慧养猪平台,使原本生产落后、效率低、成本高的生猪产业跨入数字化、智能化时代,极大改变了生猪产业化经营模式。可以说,现代信息技术发展既能够直接提升生猪生产水平,也能够与生猪产业深度融合,从而深度推动生猪产业化经营模式创新与升级。

(五)政府产业政策助推诱因

产业政策作为经济干预的一种重要手段,旨在引导资源在产业内部及产业间的合理配置,常被用于推动特定产业的优先发展或引导区域经济的发展方向。其政策特点一般带有较强的政府主导性质与战略布局属性,是地方政府及国家产业战略意图在经济领域中的重要体现。当前,我国生猪产业正处于转型升级的关键时期,受新常态下内外部环境变化影响,新旧矛盾交织叠加,可持续发展面临重大挑战。而政府相关产业政策通过稳定生猪生产、促进生猪养殖业转型升级、提高生产效率、降低环境负担、保障猪肉品质等措施,及时矫正了生猪产业发展方向,营造了良好的生猪产业化发展环境,加快了生猪产业转型升级和绿色发展。

近年来,国家高度重视生猪产业发展,政策扶持力度不断加大,产业迎来前所未有的发展机遇。在政策的带动和市场的拉动下,生猪生产能力进一步增强,生产效率大幅提升,成为农业农村经济的支柱产业。在诸多生猪养殖业相关政策文件当中,农业农村部于2016年印发的《全国生猪生产发展规划(2016—2020年)》(以下简称《规划》),作为新中国成立以来第一个生猪生产发展规划,它不仅是"十三五"期间生猪生产发展的指导性文件,而且是推动生猪养殖业转型升级和持续健康发展的核心纲领,该文件的出台拉开了生猪产业政策制定的大幕。《规划》将全国生猪生产的区域布局划分为重点发展区、约束发展区、潜力增长区和适度发展区4个区域,提出了促进生猪生产发展的重点任务。强调要建设现代生猪种业,深入实施全国生猪遗传改良计划;要发展标准化规模养殖,坚持良种良法配套发展适度规模养殖;要加强生猪屠宰管理,提高生猪屠宰现代化水平;要加快建立猪肉质量安全管理体系和可追溯体系,构建全链条信息化管理体系。《规划》的出台为生猪产业化经营及经营模式创新指明了方向。

随着《规划》的发布和实施,围绕生猪产业高质量发展、生猪生产与稳定产能、生猪屠宰与流通、养殖废弃物处置等各类生猪产业政策密集出台。这些政策的制定主体包括国务院、农业农村部、卫生健康委、生态环境部、市场监管总局等多个部门,以及各地方政府部门,其内容贯穿了生猪产业链的各环节,在原料、育种、养殖、加工、流通、市场等环节做出了具体而详尽的引导与安排。这些产业政策从经营主体、经营方式、流通方式、标准化规模养殖等各方面影响着生猪产业化经营模式,是生猪产业化经营模式创新的直接推动因素。受到国内外生猪市场波动以及猪瘟疫情的双重影响,生猪产业相关政策也着重强调了生猪交易市场监控和企业生猪产能布局优化,对生猪产业化经营模式创新与推广产生了新的影响。

第四章

产业互联网演化融合驱动的生猪产业化经营模式创新及实现逻辑

一、传统生猪产业化经营模式面临的现实困局

生猪产业化经营与发展是生猪产业高质量发展的重要途径,旨在通过产前、产中、产后产业链环节的有机融合,依托稳定的利益联结机制、专业化分工与社会化合作,不仅激发分工经济与专业化经济的活力,还能确保产业链上各主体共享利益、共担风险。此过程涵盖了养殖、流通、加工(包括初加工、精深加工)、销售、消费等的主体群,以及为各环节生产经营主体提供社会化服务(例如,育种与繁殖、疫病防疫与防治、饲料与兽药、养殖技术与信息服务、冷链仓储与运输等)的主体群,共同构成了产业主体系统。主体系统协同运作,完成生猪养殖、流通、加工、销售等业务环节。本书所指的传统生猪产业化经营与发展模式,是指信息技术未充分融入或者未直接融入的生猪产业化经营与发展模式,该模式强调主体间的联合与合作,依托"公司+养殖户""公司+合作社+养殖户""公司+规模养殖户(场)""合作社+养殖户"等产业化模式,实现养殖主体与市场的有效对接。在此过程中,企业、合作社凭借在市场交易技术与能力方面的比较优势,在产业链合作与有序运行中发挥重要的引领与带动作用。信息技术融入有限导致的信息不对称问题,引发了诸多现实困局,制约了生猪产业化经营与发展效应的充分释放。

(一)生猪养殖特殊性与市场需求预测不精准引致的"猪周期"困局

"猪周期"问题一直是生猪产业面临的突出困局问题,表现为养殖端、需求端周期性出现"供过于求—价格下跌—供不应求—价格上涨—供过于求—价格下跌—供不应求……"的循环问题,导致产业链供应链稳定性不足,制约了生猪产业的高质量发展。"猪周期"的存在受多方面因素的影响。

(1)生猪养殖面临的周期性、持续性和不可间断性特征。生猪养殖和其他农产

品生产相似,其无法像工业品生产那样依托生产线提高或降低生产效率,甚至停产来应对市场变化。生猪养殖一旦投入,就无法中途停滞,即使市场中途呈现供不应求的情况,也无法快速增加产能来实现当期获利。

(2)生猪供给和需求市场信息的不对称性。在市场经济背景下,产品需求与供给依赖市场价格的引领,市场价格背后是产业链供应链主体对市场供需信息的全方位获取与分析,如果无法全面、系统、及时地获取市场供求信息,将严重影响产业链供应链主体决策的精准性与科学性。中国生猪养殖主体长期以来以小规模、散养的养殖户为主,虽经市场淘汰机制逐渐呈现出以规模化养殖为主的趋势,但整体经营规模仍偏小,综合生产经营能力特别是应对市场的能力仍不充分。在信息获取渠道、信息技术与信息能力不充分背景下,无法有效获取市场供需信息,也无法通过其他渠道来规避市场波动风险。

(3)信息技术与信息能力的现实约束。在信息技术,特别是新一代信息技术未得以充分发展和应用的前信息化、前数字化时代,生产经营主体获取信息的渠道受限,导致支撑生产经营决策的信息在丰度和广度上严重不足。同时,信息挖掘、分析以及信息辅助决策技术滞后,共同引致了生产经营决策与市场需求间的偏差,以及偏差的持续存在。

(二)生猪产业链主体间利益联结稳定性不充分困局

产业化的经营及其稳定性,在很大程度上取决于主体间稳定而合理的利益联结机制。以生猪产业链为例,利益联结问题尤为显著,主要集中在养殖环节,并影响到流通和加工环节。长期以来,养殖环节主要推广的"公司+""合作社+"等模式,都以公司、合作社等新型经营主体的强市场能力为基础,期望利用公司、合作社的市场能力优势,有效解决市场对接问题。具体的养殖工作则由具有一定养殖能力的小规模、中等规模、大规模养殖户(场)承担。公司或合作社通过与养殖主体签订合同,围绕养殖、技术服务、资金服务、利益分享、风险分担等方面,希望依托市场机制、法院及政府等第三方治理机制、社会和文化机制等来确保合作的达成与持续稳定。具体表现在以下几个方面。

一是目标函数存在的不一致性,使得利益共同体相对脆弱。在外部环境发生变化或违约成本较低的情况下,这导致合作各方在特定情况下选择违约,进而引发合作的不稳定性。

二是由于信息不对称,在短期利益最大化导向和合作方监测成本较高的情况下,养殖主体或采购主体更有可能采取机会主义行为。在价格上涨的情况下,养殖主体更可能将生猪卖向市场;在价格下跌的情况下,采购主体也可能选择违约,这不利于利益联结机制的稳定。

三是生猪养殖所面临的疫病风险、市场风险比较突出,且均属于系统性风险,一旦发生对于合作各方都会造成巨大的损失。在缺乏强有力的风险分担机制、利益共同体甚至命运共同体保障机制情况下,交易各方往往会从自身利益最大化或损失最小化出发,灵活选择策略,甚至可能采取利己的机会主义行为,破坏产业链供应链的稳定。这些因素共同作用,导致传统联合或合作下的利益联结机制面临不稳定性的困局。

(三)生猪产业链供应链精准性与高效率不充分困局

产业化、市场化经营,需要系统、全面、及时、高效地把握市场供求信息、合作各方信息,甚至是竞争对手信息。如缺乏高效的信息系统,产业链供应链的运营将不仅会面临高昂的内部协调成本,更难以对外部环境的变化、市场供需的调整及时准确做出响应。即使做出响应,也可能因为信息的及时性、全面性、系统性不充分而影响决策的精准性,最终影响产业链供应链运营效率。在传统技术条件下,生猪产业链供应链面临较低的信息效率。一是产业链供应链的主体受信息技术和信息能力的限制,无法从全国或区域层面及时把握市场供求信息,也无法及时预测市场供求变化,其决策往往依赖以往的经验和有限的信息来源,导致决策出现显著偏差。二是由于无法及时获取产业链供应链主体的信息,难以构建基于产业链供应链可持续发展的长期利益共同体和命运共同体,也无法准确预判合作伙伴的行为,从而难以有效应对合作伙伴的机会主义行为,进而深化供应链高效运营的深度合作。三是产业链供应链主体在业务开展过程中面临的信息不对称问题,导致在业务环节决策及对环境变化的响应上可能存在不及时、不精准的情况,进而影响了产业链供应链的整体运行效率。在生猪养殖环节,养殖主体主要从整体上把握生猪的生长发育情况和外部环境变化,无法精细到每一头猪,也无法及时掌握猪舍和外部自然环境的变化,也就无法进行更有针对性的应对,从而导致了生产链供应链精准性与高效率不充分的困局。

(四)生猪产业链供应链在外部冲击下预警性与有效应对不充分困局

作为大农业的重要组成部分,生猪产业链供应链的稳定性受到政治环境(具体表现为政策导向)、经济环境(特别是市场动态)、社会因素、文化背景、生态环境以及科技水平等多重外部因素的影响。为应对外部环境不确定性及其带来的冲击,需要生猪产业及其经营主体、政府等构建完善的预警体系及快速响应机制。构建全面系统的信息搜集、跟踪及综合研判机制,涵盖外部环境与产业内部信息,是应对挑战的重要前提。

在新一代信息技术尚未与生猪产业深度融合之前,受限于信息技术与研判能力不充分、养殖企业内部环境监测不持续与不及时、综合信息整合与分析能力不充分等现实问题,生猪产业在应对市场供需剧烈波动、疫病疫情突发性冲击方面的能力有限,养殖端呈现显著的周期波动,这不仅影响了物流、初加工及精深加工、市场销售端的稳定,也不利于经营主体稳定经营与发展预期的形成,进而制约了持续投资意愿及动态竞争力的增强。从另外一个维度来看,外部环境高度不稳定性及其预警能力的不充分,也约束了生猪产业风险的有效应对,"猪周期"问题的持续存在就是一个典型的例子。

(五)猪肉产品与制品全过程信息不对称与价值增值约束困局

即使随着经济社会发展、收入水平提高、居民消费结构的改善升级,牛羊肉、水产品、海产品等猪肉替代品的消费显著提升,猪肉产品与制品仍然是中国社会对肉类的主要消费选择之一。随着社会大众健康意识的增强和对食品安全问题的关注,消费者对健康、绿色、药物低残留的肉制食品质量诉求逐渐增强。消费者对优质土猪肉的诉求及支付意愿显著增强。然而,在新一代信息技术与生猪产业链供应链深度融合之前,生猪养殖、物流、屠宰及分割、初加工、精深加工、销售配送等产业链供应链各环节信息高度封闭。这不仅使消费终端对产业链供应链信息了解不充分,往往只能依赖经验和标签信息来判断,影响消费者对于土猪肉、绿色猪肉、有机猪肉等优质猪肉"优价"的支付意愿,也反过来约束了这些优质猪肉的市场供给及市场拓展,最终影响生猪产业综合比较收益的提升。

此外,经销商、屠宰加工企业对生猪养殖全过程的信息也面临高度不对称的情况,难以对生猪饲养用料、猪只健康状况、猪只综合品质做出精准研判,进而影响了优质优价的实现。

(六)生猪养殖粪污无害化处理与资源化利用系统不健全困局

生猪养殖、屠宰加工会产生粪污、废水、废气,对环境会造成显著的影响。长期以来,中国农村采取种养结合的方式,通过粪尿的收集、堆肥等环节处理后还土还田,以减少生猪养殖对环境带来的不利影响。但废气仍会影响养殖主体周边的环境。规模化养殖往往面临严峻的环境污染与防治挑战。在现有环境规制框架下,企业化养殖需要匹配适度规模的养殖场或者粪尿处理设备、废气收集与无害化处理设施设备,以减少超大规模养殖对环境带来的不利影响。中等规模、大规模养殖也需要建立相应的粪污、废水、废气治理机制。如何实现生猪产业绿色高质量发展,一直是困扰生猪养殖主体、经营主体、政府的突出问题。在新一代信息技术深度融合应用前,生猪养殖面临精细化与精准化管理不足、饲肉量不高、环境信息监测不持续等问题,这些问题不仅增加了粪污产量,还导致养殖综合技术经济效率低下,也制约了环境污染治理措施的有效实施。

二、基于案例的"互联网+"演化融合驱动的生猪产业化模式创新

(一)主要案例

1.案例1:农信互联推进的"互联网+生猪产业链"生态运营模式

北京农信互联科技集团有限公司(简称"农信互联"),于2003年成立,隶属于大北农集团,专注于互联网与农业融合创新实践,打造并积极推广了"互联网+"生猪产业链供应链生态服务系统"猪联网"。截至2020年,已经升级迭代到猪联网5.0版本,图4-1展现了猪联网的五大核心业务体系。农信互联推进的"互联网+"生猪产业链供应链生态系统,主要由三大子系统构成,即猪场企业数字化管理平台猪企网、智能猪场管理专家"猪小智",以及基于大数据的生猪服务系统(涵盖猪交易、猪金融、猪服务),实现了"互联网+养殖""互联网+交易""互联网+金融"的综合系统创新。依托新一代信息技术,实现了生猪产业从养殖端到流通销售端,再到综合服务端系统(包括金融服务)的全面整合,助推了生猪养殖环节的数智化转型、交易的平台化与数字化转型、服务的社会化与专业化转型,具体可见图4-2。

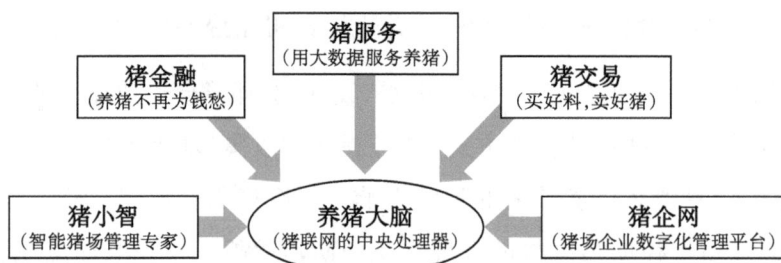

图 4-1 农信互联猪联网的核心体系

数据来源:张叶凡.基于大北农集团"互联网+生猪产业链"金融模式的案例研究[D].安徽财经大学,2023.

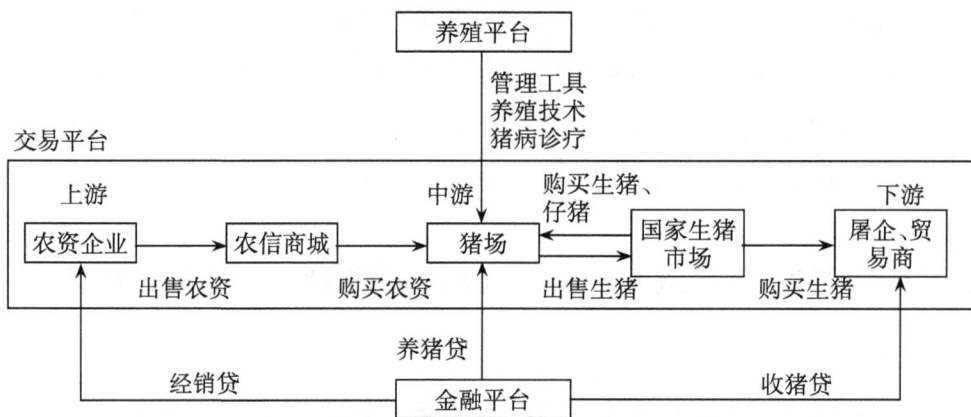

图 4-2 农信互联基于猪联网的生猪产业链供应链生态系统

数据来源:周月书,笪钰婕,于莹."互联网+农业产业链"金融创新模式运行分析——以大北农生猪产业链为例[J].农业经济问题,2020(1):94-103.

"互联网+养殖"生态子系统,主要依托于猪企网、猪小智管理系统,旨在实现规模养殖场(包括种质资源保护场、繁育与扩繁场、育肥猪)的数智化管理。基于自行研发的"Loki"智能猪场AI基础算法,围绕人畜行为识别、猪场清点和疫情警报三大关键技术,借助智慧猪场的平台,智能装备与AI算法得以深度融合,为猪场的数智化转型提供了全面的解决方案。"猪小智"衍生产品则将"饲联网"和下游的"食联网"有机连接起来,串联起了完整的生猪养殖产业链条。

"互联网+"生猪综合服务生态子系统主要包括"互联网+生猪交易""互联网+生猪供应链金融"两个子系统。"互联网+生猪交易"主要依托国家生猪交易市场,旨在推进生猪活体交易的线上和线下渠道整合,构建生猪活体线上线下交易(O2O)的新型电子商务模式。依托生猪活体交易平台,实现了养殖主体交易信息自主填报、交易信息智能搜索与匹配、线上讨价还价与合作达成、规范化实物交割与电子结算、交易违约的平台介入与违约赔偿等功能。"互联网金融服务"主要依托纯线上模式和线上线下(O2O)融合模式。纯线上模式针对平台应用纯熟的养殖主体,围绕农资服务主体的资金需求提供经销贷,围绕养殖主体的资金需求提供养猪贷,围绕食品加工企业和贸易商的资金需求提供收猪贷。线上线下融合模式主要依托农资商城和国家生猪交易市场等平台,通过"平台+运营中心""平台+区域市场"等模式,为养殖端的主体提供生产资料供应、养殖技术指导和管理服务,有效降低养殖成本;同时,为交易端提供便捷的货款结算、收猪结算、贷款及运输保险等金融服务。周月书等和张叶凡先后研究了大北农生猪产业链金融创新模式,认为大北农集团的"互联网+生猪产业链"金融模式依托"平台+运营中心"实现了农资、生猪收储与物流、加工与贸易等产业链主体的平台化,依托"平台+区域市场"实现了区域内散养户和中小规模养殖主体的平台化。最终实现了生猪产业链供应链要素、资源在互联网平台的集聚,并依托互联网平台实现资源优化配置。

2.案例2:江苏枫华农业集团有限公司的生猪智慧养殖模式

作为一家专业现代化种猪育种企业,江苏枫华农业集团有限公司是江苏省省级农业产业化重点龙头企业。公司积极推进数字化、智能化改造,引入了母猪大群智能饲喂系统、全自动种猪性能测定系统及全自动环境控制系统,全程导入ERP、GPS等信息化管理系统,依托智能传感网、RFID识别、ZigBee无线通信和动物生理参数监测等核心技术,促进了动物疫病监测预警及产品质量追溯,持续推进了生猪养殖的数智化。

借助美国AP公司研发的带有电子识别功能的全自动饲喂系统,在群体饲养中,实现了个体母猪的精确饲喂;依托其附带的自动发情母猪鉴别系统,可自动识别母猪的发情状态。通过全自动环境控制系统的风机、水帘和地热的协调作用,有效地控制猪舍内的温度、湿度和空气质量。依托全自动种猪性能测定系统的RFID电子耳牌及其识别技术、FIRE系统,实现猪只个体识别,并基于猪只基础数据和选择指标实现种猪自动优选;依托个体温度及环境参数采集与分析系统,通过猪只佩戴的测温表实现温度测量,并可实现疫病提前预警;通过环境采集基站和无线环境传感器,实现了环境温度、湿度、氨气浓度等数据采集;通过ZigBee技术实现数据高效传输,实现猪舍参数的实时采集与控制;依托数字化管理平台,实现对猪群及批次生猪的可追溯管理,有效提升了母猪生产效率、产床等高投入设施利用率。通过对批次猪追溯管理及生长模型拟合,对批次猪成本及生长速度实现了精准掌握,促进了上市体重、上市时间的精准化。

3.案例3:浙江华腾牧业有限公司的"互联网+"绿色生态智慧养殖模式

作为从事配合饲料加工、销售和饲料原料贸易,以及养殖机械供应与服务的农业企业,浙江华腾牧业有限公司下辖华腾物流、嘉兴嘉华牧业、浙江华腾食品等三家子公司,其产业链涉及饲料原料仓储、饲料加工、生猪养殖及猪肉销售。嘉兴嘉华牧业有限公司于2015年成立,专注于生态生猪养殖。公司成立之初便引入了欧洲的生态养殖模式与技术,并采用了绿色生态养殖理念和废弃物加工循环利用的标准,推进了生猪养殖的全面绿色生态化进程。

2016年,公司积极响应"互联网+"政策,依托智慧农业建设项目,成功整合物联网技术、智能监控技术、云计算技术、射频识别(RFID)技术、移动互联技术和精准饲养管理专家系统等信息技术,建成了现代生态智慧牧场,实现了生态化、精准化饲养和智慧化管理。猪肉实现了"三无"化(无激素、无抗生素、无重金属)和品牌化,形成了绿色生态智慧生猪养殖新模式。

(1)采用环境实时感知与自动监测分析控制系统,实现对猪舍环境监测与最优化调控。为产猪室、保育室和育肥室等安装环境感知设备(传感器),对二氧化碳、氨氮浓度、温度、湿度等各类室内环境信息进行实时监测;将各传感器用无线网络连接成物联网,基于各种环境传感器采集的棚舍内环境因子数据,充分考虑季节、猪种、生长期等因素,设计有效的猪舍环境信息采集及调控程序,再利用湿帘降温、地暖加热、通风换气、高压微雾等设施与智能技术,实现环境的优化调控。

(2)采用全自动智能化饲喂系统,实现自动化精细喂饲。在猪舍的自动饲喂、饮水等系统设施上,统一安装料位、水压、水温等智能传感和电磁控制设备,实现饲料的自动输送与给水压力的智能化调控。综合考虑猪种、生理阶段、日粮结构、气候、环境温湿度等因素,构建饲料数量、加料时间、饮用水摄入量、水温、水质等数字模型,以支撑自动智能化精细喂饲。

(3)采用射频识别(RFID)等智能感知技术,实现对生猪体质和生长情况实时感知监测、分析和智能调控。依托植入的RFID芯片,结合物联传感与视频监控系统,通过远距离RFID阅读、无线传感网络(WSN)相对定位,实时监测生猪的行为、心跳、体温等生理指标。立足猪病诊治模型、猪病预警模型,结合生猪行为、机体特征变化及外部环境变化,综合研判生猪疫病,实现生猪疫病防治转向预知模式。同时,利用监测到的生猪个体体质与行为数据,研判个体发情、进食、生病等行为,建立完善的精准饲养管理模拟专家系统,实现从生猪养殖到肉品零售终端的全生命周期信息正向跟踪与逆向溯源。

(4)采用物联网和精准饲养专家系统,实现生猪养殖场平台化管理和远程智能化控制。根据现代生态养猪的需求,合作研发专用性很强的物联网应用软件平台和移动应用终端,实现养殖环境参数的实时、精准采集,异常信息的即时报警,控制过程的自动化和智能化,以及信息通知联动。通过智慧养殖场饲养管理总控制室,依托控制室大屏系统或手机、PDA(个人数字助理或掌上电脑)、计算机等网络终端随时随地访问查看,辅助推进管理决策和实现远程控制。

(5)基于物联网数据和互联网技术,建立猪肉质量溯源系统,推进产品网络营销。基于智慧养殖场物联网系统在生猪饲养中积累的全程大数据,开发了猪肉质量溯源系统、产品网上营销展示系统和公司客户移动应用App,为绿色优品猪肉注册了"桐香"牌商标,利用公司官方网站及主要电商平台开展产品宣传和网上销售。消费者可通过网络平台、手机客户端,实时观看养殖场的生产管理实景,亲身体验高品质猪肉的生产过程。通过扫描产品二维码,消费者可查阅猪肉产品的全部信息及检测报告。

(6)采用排泄物自动回收、无害化处理与再利用技术,实现养殖场"零排放"和种养循环经济发展。利用猪舍内排泄物封闭式自动负压回收设施、无害化与资源化处理技术,实现了生猪粪尿排泄物的即时回收与无害化处理,进而转化为高端生物炭、有机肥和叶面肥,既实现了生猪的清洁养殖,又兼顾了环境保护,实现了经济效益与生态效益的双重提升。

4. 案例4:国家生猪交易市场的活体生猪O2O电子商务模式

为有效破解活体生猪销售难、生猪市场周期性波动等难题,降低活体生猪交易成本,更好发挥市场在生猪养殖资源配置中的决定性作用,促进养殖主体特别是养殖户增收,2012年经农业部(现为农业农村部)批准,在重庆市荣昌区建设国家级重庆(荣昌)生猪交易市场正式挂牌。生猪交易市场建设坚持"空间分离、体系联通、六位一体"的思路,"政府引导扶持、社会主体参与、企业市场运作"的原则,成功构建了全国生猪产销大平台、全国生猪品牌大平台,以及全国生猪价格形成中心、产业信息中心、科技交流中心、会展贸易中心和物流集散中心。2013年,国家级(重庆)生猪交易市场正式挂牌成立,由重庆农信生猪交易有限公司负责运营。

国家生猪交易市场在制定生猪活体上线标准、破解疫病防控及交收地点设定等难题基础上，采用电子商务技术推出了全国生猪产销大平台及线上交易平台"猪交所"。在交易平台上，养殖主体可在智能手机或电脑上自主填报交易生猪的基本信息（如品种、数量、均重）和挂牌价；生猪交易商可在平台上实现智能搜索，匹配相应的生猪出售信息，降低交易搜寻成本；完成匹配后生猪采购主体可点击直接成交，也可在线获取信息进行讨价还价；达成交易的活体生猪按合同约定的时间、地点、数量、质量，在官方兽医检验检疫合格后完成实物交割；依据交割完成的相关单据，交易平台实现在线转账结算；依托平台交易保证金制度，有效规避了采购商违约行为。与此同时，在生猪调出大县，国家生猪交易市场还匹配有线下交易市场，实现了线上线下有机融合。

国家生猪交易市场依托线上线下交易平台，还衍生推出了金融和保险功能。与中国农业银行合作推出了"猪e贷"，向"国家生猪市场"交易平台上的生猪采购商提供无担保贷款。平台上的采购商可依托"国家生猪市场"App平台或电脑端平台，凭借其在交易平台累积的交易信用额度申请贷款用于购买生猪、白条猪，从而有效缓解现金流紧张的问题。通过与保险公司合作，推出了活体生猪运输意外保险，旨在有效降低生猪在运输途中可能遭遇的意外死亡风险。

（二）案例分析

1.产业互联网驱动的生猪产业化经营创新方向

随着新一代信息技术的创新发展并与产业深度融合，产业互联网生态系统的优越性及其必要性和必然性得到了大家的认同。在政府政策支持与引领下，生猪产业互联网生态系统正在加速形成并向纵深发展。国家生猪交易市场模式依托猪联网、国家生猪大数据中心、国家生猪交易市场等平台，成为推进生猪产业链供应链数智化创新很好的例证。立足新一代信息技术演化发展、生猪产业自身属性特征、中国生猪产业结构等因素，纵观国内外其他产业互联网生态系统演化发展历程，产业互联网驱动的生猪产业化经营创新可能沿以下方向持续推进。

（1）产业互联网赋能与驱动的养殖端数智化。

作为产业链供应链高度集成的系统，生猪产业互联网生态系统依托互联网平台，整合产业链供应链各业务环节、经营主体，随着交易规模不断扩大、交易对象类型不断增加、交易空间不断拓展，其在资源优化配置、产业高质量发展中将发挥越来越重要的作用。从养殖端来看,新一代信息技术与产业深度融合的一个重要方向就是推进养殖端的数字化乃至数智化转型。

一是依托自动化设备和数智化技术实现饲喂、饮水、粪污清理、环境及猪只信息收集的自动化。案例中数智化的重要特征之一就是自动化,如自动化饲喂与饮水系统、粪污自动收集与分离系统,以及基于传感器的环境与猪只信息自动收集系统。这些系统的应用促进了生猪养殖中体力劳动的替代,显著提升了养殖自动化水平。

二是依托管理信息系统整合诸多自动化设施设备,实现设施设备的自动化运行,如农信互联的猪小智管理系统、其他企业的猪场管理信息系统等。

三是基于持续收集与积累的环境大数据、猪只生产和体质信息,结合种猪饲养及繁育、生猪繁育、生猪养殖与成长、生猪疫病及传播等多种模型,采用大数据分析算法智能化地优化种猪选育、生猪繁殖管理、生猪日常饲喂与管理、生猪疫病预警与防控措施等。农信互联所提供的"互联网+养殖"生态系统实现的就是这一系统功能。其他生猪养殖企业受限于数据量、企业数字治理体系与治理能力的不足,在某些功能方面尚显不足。

(2)产业互联网赋能与驱动的交易平台化与电子化。

新一代信息技术深度融合创新,引领了电子商务的快速发展,伴生的是交易的非货币化、网络化和平台化。电商平台企业的创新发展、手机银行或互联网银行App的创新与推广、移动支付与电子结算的普及、第三方物流的快速发展,共同支撑了平台电商的发展以及电子商务的快速演进发展。长期以来,活体生猪(俗称"毛猪")交易一般采用实地现货交易,针对散养或小规模养殖模式,生猪购买商往往采取"扫村"、上门方式不定期在周边镇村收储生猪,购买商到生猪养殖户(场)实地观察猪只基本情况,就地讨价还价,达成交易则实地交割。针对规模养殖户、养殖场或养殖企业,由于养殖规模较大,往往具有相对稳定的销售渠道或采购商,养殖、交易往往依托订单或合同。受限于信息搜集、物流运输等,销售网络往往在周边县域或者省域,跨省交易一般较少。这两种方式都属于线下交易,生猪采购商需要实地查看猪只、研判猪只健康状况、实地称重、交易后直接转运与存储生猪,电子结算未普及前,采购商需要依赖现金支付或银行实地转账,这导致了高昂的市场交易成本,并增加了采购商的现金流压力。交易双方在猪只和市场行情等方面面临显著的信息不对称,这极易引发机会主义行为并增加内在的交易成本。新一代信息技术的快速发展和创新,特别是物联网、大数据分析、云计算和人工智能的应用,为生猪活体线上交易提供了高效、透明、安全的系统平台,创造了技术条件。国家生猪交易市场推出的生猪O2O电子商务模式就是很好的例证。目前,活体生猪交易线上线下模式虽得到了一定的推广,但规模相对有限。据新华网2025年1月7日报道,截至2024年,国家生猪交易市场形成了国家级市场1个、12个省级区域市场、115个区市县区域市场,累计交易量9000余万头,交易额1300多亿元。相对于庞大的生猪交易来说,线上交易的规模仍显得偏小。随着相关匹配的技术、标准、体制机制的进一步完善,活体生猪线上线下混合交易将成为主要的交易方式。

(3)产业互联网赋能与驱动的产业链供应链服务专业化与社会化。

随着外部环境不确定性显著增强,加之市场需求呈现个性化、多变性,依赖单个企业的市场需求预测、工业化思维引领的大规模生产模式,已经难以适应现代市场经济的竞争需求。产业链供应链协同参与竞争成为经营主体有效应对外部环境变化、赢得市场竞争优势的根本策略。

中国传统的生猪养殖主要以户为单位,实行小规模散养。外部服务市场发育不充分,特定区域内产业链拓展有限,养殖主体尚未与产业链供应链的前端、中端、末端等关键环节主体建立稳固的合作关系。从服务的层面看,市场规模与范围、交易成本及其决定的交易效率等因素限制了专业化服务的发展。生猪养殖端、收储与运输端、加工端和市场销售端的专业化分工及社会化供给不充分,制约了生猪产业链供应链的拓展。

随着新一代信息技术的创新演化及其与产业融合,加之地方保护主义的逐步破除,生猪及生猪产品市场需求、供给逐渐打破空间阻隔,养殖模式正逐步由以散养为主向规模化养殖为主转变,产业链供应链主体也越来越认识到服务合作在竞争优势形塑中的重要作用,对产业链供应链服务的需求在种类、规模、质量、层次等维度都呈现逐步拓展态势。这些都为生猪产业链供应链服务创新及其市场化、专业化发展提供了先决条件。

随着新一代信息技术与生猪服务行业的融合,生猪服务市场趋向平台化和电子商务化。这些新型模式不仅提升了交易效率,还进一步推动了产业链供应链服务的专业化分工及社会化供给的深化发展。衍生出基于电子商务的生猪养殖种猪与幼崽供应、饲料供应、技术供应与服务、物流服务、信息服务、营销服务、金融服务等多元服务体系,并在商业模式不断演化中被整合进了相应的产业链供应链合作中。农信互联、国家生猪交易市场所整合的多元化服务,正是新一代信息技术推动的互联网生态系统与生猪产业链供应链深度融合、服务专业化和社会化发展的例证。

(4)产业互联网赋能与驱动的产业链供应链数智化与外部环境相适应。

长期以来,生猪产业发展深受外部环境不确定性的影响,这些不确定性涉及政策、市场供需、技术、疫病、产业链前端的生产资料供给、国际市场供需等维度。以小规模养殖户和散养为主的养殖模式应对外部不确定风险的能力往往偏弱,制约了生猪产业链供应链强韧性的形成与维系。随着商品化、规模化养殖的逐步推进,以中等规模、大规模、超大规模养殖为主的规模化养殖主体成为生猪养殖的中坚力量。相较于小规模养殖户,规模经营主体在养殖技术、经营能力、交易能力以及风险应对能力方面都有显著提升。但面对生猪产业的系统性疫病风险及市场供需的周期性波动风险等复杂挑战时,现有体系和能力仍难以提供有效支撑。

新一代信息技术演化融合助推的生猪产业互联网生态系统,依托互联网、物联网、大数据、云计算、人工智能等信息技术,强有力推进了生猪产业链供应链及其管理的数智化。通过摄像头、传感器、数据传输与存储系统以及中心计算机形成的物联网体系,可有效地搜集和存储生猪产业链供应链的相关信息。基于积累的"大数据",通过大数据模型,可辅助预测和研判市场供需、疫病、生产资料市场波动及国际市场波动等外部环境变化。这有助于政府、产业链供应链核心企业、电子商务平台企业更好地应对外部环境变化,以增强生猪产业链供应链对外部环境的适应性,并增强其韧性。

目前,我国生猪产业链供应链及其管理的数智化水平相较于西方发达国家仍较低,对外部环境波动的预警与有效应对的支撑不充分。因此,这也是未来生猪产业互联网生态系统进一步健全和完善的一个重要目标和方向。

(5)产业互联网赋能与驱动的生猪产业绿色化发展

粪尿、污水、臭气等带来的环境污染是生猪产业发展中无法回避的现实问题,也是生猪产业高质量发展必须应对的问题。小规模散养模式下,借助于种植业与养殖业的有机融合可以实现粪尿的还土还田,臭气则由于养殖规模小、农村空间广被社会所忽略。规模化养殖阶段,由于养殖规模大、空间集中,产生的粪尿、污水、臭气规模大,如果不加以有效治理,将对周边环境特别是空气环境带来严重破坏。

有效治理规模化生猪养殖所带来的污染,按照污染治理理论,除了征收污染治理费、污染治理税等经济手段外,还包括行政手段,如项目进入的种植业匹配要求,以及技术手段,如清洁生产技术的采用和污染物减量化、再循环再利用。这些举措也一直是生猪产业污染治理的常用抓手。从提升效率、实现绿色发展目标出发,推进清洁生产技术采用、污染物减量化再循环再利用是生猪产业污染治理的可持续路径。

然而,这一路径往往面临较高的资产专用性,在技术能力、资本能力不充分的情况下,生猪产业经营主体在环境治理方面的投资显著不足。随着新一代信息技术演化融合、生猪产业互联网生态系统的完善,生猪产业的数智化水平得到了显著提升。具体体现在以下几个方面:一是智能化自动饲喂与饮水系统、猪只生长监测系统的使用,不仅优化了饲喂和饮水管理,提高了饲喂效率,还有助于减少污染排放;二是猪粪尿及污水分离、处理系统的应用,有助于实现粪尿的资源化与商品化;三是臭气的收集处理系统的应用,有助于臭气污染治理,实现生猪产业发展与空气污染治理的协同;四是生猪产业链供应链监测系统及溯源系统的应用,有助于强化对添加剂使用的控制,保证猪肉及猪肉制品的健康安全。

(6)产业互联网赋能与驱动的生猪经营主体规模化与运营数智化。

从历史演化的角度来看,中国以户为单位的小规模生猪散养,主要是为了弥补种植业收入不足、分散种植业经营风险,以及实现种植业肥料的自给。在一定程度上,这种散养模式主要基于经济性考虑,旨在实现总收入或总效用的最大化。自21世纪以来,随着市场经济的进一步发展和生猪饲养成本的提高,若将人工计入成本进行考量,散养模式已逐渐陷入零利润,甚至是负利润的困境。

相比之下,规模化养殖依托仔猪、饲料、兽药、饲养管理技术等的规模经济,可降低综合养殖成本。在政府政策的扶持与自身综合实力的支撑下,企业具有更强的市场竞争力、生存发展能力和风险抵御能力。在新技术采用方面,规模经营主体在技术意识、物质资本、人力资本、技术信息渠道、技术可得性等方面具有显著比较优势。

相较于以农户为单位的小规模散养,生猪规模经营主体在采用新一代信息技术和先进的生猪产业相关技术方面,展现出更强的意识和能力,这有助于推进生猪产业运营的数字化。随着生猪产业互联网生态进一步成熟和完善,生猪经营主体特别是养殖主体将走向规模化,其运营管理将朝着以新型工业化、信息化为支撑的机械化、自动化、数智化方向发展。

2.产业互联网驱动的生猪产业化经营创新主体

作为新质生产力的重要组成部分,新一代信息技术创新演化与产业融合创新需要多元主体协同推进,创新主体也应该是多元的。立足农业技术创新与技术扩散理论,农业产业化经营模式创新的直接主体包括技术创新主体、技术推广主体、技术应用主体。其中,技术创新主体以研究院所、高校、技术研发企业为主,技术推广主体则包括公益性推广机构、营利性推广机构(或主体),技术应用主体主要是农业生产经营主体。间接推动主体涵盖其他的利益相关者,包括经营主体嵌入的社会群体、政府机构、农业产业链及农业供应链中的其他主体,以及银行等金融机构。

在中国,生猪产业化经营是政府与市场协同推进的创新模式。长期以来,各级政府都积极推广包括“公司+养殖户”“合作社+养殖户”“公司+合作社+养殖户”“公司+集体+养殖户”“公司+基地+养殖户”“养殖小区+养殖户”等多种合作与联合模式,以促进产业化经营。特别是,龙头企业和合作社等新型经营主体在连接市场方面展现出显著的比较优势,成为推动生猪产业发展的关键力量。

在生猪产业互联网生态的形成与演化背景下,生猪产业化经营模式的创新主要凸显在数字化对产业化经营模式带来的影响,以及平台化与网络化在生猪产业化经营模式创新中的助推作用。立足生猪产业互联网生态系统形成演化、生猪产业化经营的多维内涵,推进产业互联网生态系统嵌入下的生猪产业化经营模式创新,需要多元主体协同合作。

(1)充分发挥生猪互联网生态平台型企业的发展潜力,并进一步依托其强大的技术研发能力推进技术创新、软件开发、平台生态建设和平台推广。正如淘宝(或天猫)、京东、苏宁易购、拼多多等电子商务平台在推进相应电子商务模式创新时一样,必须实现自我发展与平台网络拓展的协同。目前,生猪产业互联网生态系统的典型代表是农信互联打造的依托国家生猪交易市场、猪企网等平台的生猪产业互联网生态系统。该系统,特别是“互联网+生猪养殖”“互联网+生猪交易”“互联网+生猪供应链金融”等子系统,虽已得到一定推广,但与成熟的国内头部电子商务平台生态系统相比,仍有较大提升空间。在不断完善国家生猪产业互联网生态系统的同时,还须推进区域性生猪产业互联网生态系统的建设。

(2)需要政府围绕生猪产业互联网生态系统的建设完善、生猪产业数字化技术创新发展及其采用、生猪清洁生产与污染治理技术研发及其采用等出台相应的激励政策。一方面,要强化互联网生态平台型企业的培育,促进活体生猪线上线下交易融合、活体生猪产业链供应链服务的网络集成;另一方面,要支持生猪经营主体依托生猪产业互联网生态系统推进产业链供应链数智化的转型升级,实现生猪产业互联网生态的拓展与升级;同时,依托生猪产业互联网生态系统以及大数据算法,立足公共产品与公共服务供给,强化生猪市场供需、疫病疫情的预警与宏观调控。

(3)生猪产业经营主体积极响应数字技术融入的时代引领,在提升数字畜牧、数字生猪产业认知的基础上,充分利用各级政府的政策资源主动推进生猪产业链供应链数智化改造与升级。第一,要主动推进生猪养殖数字化,逐步提升全业务流程的数智化水平;第二,要主动融入生猪产业互联网生态系统,推动生猪产业要素采购、服务采购、活体生猪销售的线上交易;第三,在保障企业商业机密的同时,积极支持生猪产业链大数据生态系统的构建,为基于生猪产业链供应链大数据的衍生应用(如市场价格发现、疫病疫情预警与防控、生猪市场供需精准预测、生猪产业链供应链精准化服务)提供数据支撑。

(4)需要生猪产业互联网生态系统及数智化技术推广主体,立足生猪产业高质量发展、农业强国建设的国家战略,主动推进生猪产业互联网生态系统、数智化技术推广模式及机制的创新。一是深化与政府相关职能部门的合作,依托政府相关职能部门的丰富资源和强大的协调能力,降低系统与技术推广的协调成本,同时,在增进信任的基础上,增强合作的可及性;二是健全完善自身的推广系统与网络服务系统,深度融合并充分利用互联网媒介的优势,在推进系统与技术营销数字化的过程中,持续打造企业品牌、技术品牌、系统品牌,以品牌化、数字化、互联网化推进系统和技术的市场推广与拓展;三是充分利用各类专业展会和平台,专业化展示系统和技术,提升生猪产业互联网生态系统和数智化养殖与经济管理集成系统的认知度,进一步提高这些系统和技术的市场知名度、公众信任度和用户接受度。

三、产业互联网演化融合驱动的生猪产业化经营模式创新及推广的实现逻辑

(一)综合成本降低:生猪产业化经营模式创新及推广的底层逻辑

生猪产业化经营模式创新及推广的实现是生猪产业经营主体应对内外部环境变化、追求综合成本最小化的结果。无论是基于工业化逻辑、规模经济导向下的生

猪产业化经营模式,还是基于信息化(或数字化)逻辑、精准响应市场需求导向下的生猪产业化经营模式,立足经营主体,都是以综合成本最小化为基本导向。

一是养殖综合成本的最小化。产业互联网生态系统融合驱动的生猪产业化经营模式创新,在养殖端表现为养殖全过程的自动化与数智化。在推进养殖过程的自动化与数智化进程中,核心在于精准实施饲喂、饮水及日常管理措施,旨在提高养殖效率,同时降低综合生产成本,主要包括生产资料成本及人工成本。

二是服务交易成本的最小化。产业互联网生态系统融合驱动下的生猪产业化经营模式,在服务端表现为产业链供应链服务环节的互联网化或平台化。主要得益于互联网平台的空间集成与电子交易功能,这有助于减少服务搜寻成本、交易达成成本及交易执行成本,进而降低服务供给与购买的综合交易成本。

三是活体生猪交易成本的最小化。产业互联网生态系统融合驱动的生猪产业化经营模式,未来的一个方向是交易全过程的电子化和网络化。交易市场的拓展伴随着交易全过程电子化与网络化的推进,这不仅有助于降低生猪活体交易的搜寻与达成成本,还能有效缓解因信息不对称而引发的内生交易成本等问题。

四是市场响应不及时及不精准导致的机会成本增加。产业互联网生态系统融合驱动的生猪产业化经营模式创新,在产业链供应链系统表现为产业链供应链合作与联合的高度集成化。主要考虑的是,利用新一代信息技术或产业互联网生态系统实现产业供应链合作的高度集成与协同,从而有效应对外部自然环境变化、市场供需波动、疫病疫情以及国际市场变动等带来的冲击,增强产业链供应链的响应能力与韧性,减少因响应不及时或不精准而产生的机会成本。

(二)颠覆性技术创新:基于新一代信息技术的生猪产业化经营模式创新及推广的技术诱导逻辑

生猪产业与互联网生态系统融合驱动的产业化经营模式创新,是新一代信息技术持续创新与产业融合的一个典型。生猪产业与互联网生态系统融合并驱动产业化经营模式创新,最基本的支撑是新一代信息技术的创新发展。

一是互联网及移动互联网技术的普及。互联网和移动互联网,是实现生猪产业自动化与数智化养殖、服务平台化与网络化、交易线上线下融合、大数据衍生应用的基本前提。

二是物联网技术的融合应用。基于传感器、摄像头、数字传输与存储设备、数据处理与可视化等集成的物联网技术为生猪产业链供应链全过程跟踪监测、突发疫病疫情防控、市场供需变化分析与预警、猪舍与猪只日常优化管理等维度的自动化与智慧化提供了大数据条件。

三是大数据传输与存储、大数据建模与分析、机器学习与人工智能、区块链等技术创新与应用。大数据技术、人工智能、区块链等是新一代信息技术的核心,不仅是驱动生猪产业互联网生态系统功能实现与升级的核心支撑,还直接影响着生猪产业链供应链的数智化运营与管理、交易的数字化与网络化、生猪市场供需宏观调控的有效性。在市场经济激烈竞争下,新一代信息技术的创新发展直接诱导、推动生猪产业化经营模式创新与推广。

(三)引领型企业技术融合与推广:生猪产业互联网生态系统引领的产业化经营模式创新及推广的生成逻辑

生猪产业互联网生态系统的形塑与提升是多元主体协同互促的结果,但由于生猪产业链供应链主体在核心竞争力、功能定位等方面的异质性,在推进生猪产业物联网生态系统形塑与提升的过程中,各主体的角色、定位也有所差异。制度(或组织)创新理论指出,制度企业家群体在制度或组织的创新过程中发挥着至关重要的引领作用,他们能够敏锐地洞察潜在的获利机会,并能凭借自身在制度或组织创新方面的独特优势,推动创新进程,进而构建出全新的制度或组织模式,从而获取制度或组织垄断利润。

生猪产业互联网生态系统的形成与提升,初始创新一方面在于以互联网、移动互联网、物联网、云计算、人工智能、大数据、区块链等为代表的新一代信息技术的原始创新;另一方面,基于生猪产业特征的"新一代信息技术+生猪"的原始创新或集成创新,主要涉及生猪产业链供应链集成的互联网平台的构建与功能完善、生猪产业链供应链自动化及数智化管理系统的研发与升级。初始创新的成功实现,主要依赖于引领型技术创新企业不断投入的研发资金和持续进行的创新升级。这些企业如农信互联会成为"新一代信息技术+生猪"系统的初始研发者、推广者以及行业的引领者,在不断创新过程中,它们在获取合理市场回报的同时,推动生猪产业互联网生态系统向更高层次发展、成熟和创新。

(四)产业链供应链追随型企业积极响应与应用:生猪产业互联网生态系统引领的产业化经营模式创新及推广的拓展逻辑

互联网生态系统的发展、成熟与再创新,除了需要处于第一集团的引领型技术创新企业的持续创新与推广外,还需要更多追随型技术创新主体、技术推广主体、产业经营主体的参与。在生猪产业互联网生态系统中,以农信互联为代表的引领型企业,成功将互联网思想、数字技术、电子商务技术、大数据与云计算等新一代信息技术引入生猪产业,实现了互联网生态系统的初步创新及产业推广应用,从而发挥了显著的引领作用。

为进一步促进生猪产业互联网生态系统的发展、成熟和再创新,需要有更多主体的参与,包括饲料、兽药、仔猪、种猪养殖、育肥猪养殖等养殖端经营主体,生猪活体贸易商、屠宰与初加工、精深加工或者一体化经营的物流加工端经营主体,以及市场端经营主体。一是这些主体需要在增强数字技术认知与数字技术能力的同时,也要推动生产经营和管理流程的自动化与数智化转型。二是基于互联网平台思维,推进产品或服务的电子商务化,充分利用集成化交易平台,实现生猪产业链供应链交易的电子化与平台化管理。依托电子商务的发展,积累生猪全产业链的交易大数据,为生猪产业互联网系统的衍生应用提供大数据基础。三是加强这些主体与生猪产业互联网平台化生态系统的连接,特别是养殖端数据的共享,通过实时监测和分析,为养殖端疫病疫情预警与防控、市场供给柔性调控提供大数据支持。四是这些主体需要融入互联网生态系统的线上线下交易平台、供应链金融与保险服务,借助数字技术低成本、高渗透性等特点,提升交易效率、满足发展需求,从而促进互联网生态系统服务规模的扩张和相关服务的专业化分工深化。

(五)软硬件设施健全完善:生猪产业互联网生态系统引领的产业化经营模式创新及推广的助推逻辑

生猪产业互联网生态系统引领的技术创新、产业组织模式创新、商业模式创新,无论是技术创新的全过程,还是技术推广与融合的全过程,都需要强有力的软硬件支撑。

软件方面,主要着眼于生猪产业互联网生态系统建构、推广与应用涉及的制度、政策。一是要围绕生猪产业互联网平台企业发展,推进财政、金融、项目支持等维度的政策创新;二是围绕生猪产业链供应链经营主体的数智化转型与升级,推进财政、金融、项目支持等维度的政策创新;三是围绕生猪产业链供应链产品与服务供给、交易的平台化发展,推进财政、金融、项目支持等维度的政策创新;四是围绕通用性新一代信息技术创新与推广使用,推进财政、金融、项目支持等维度的政策创新。

　　硬件方面,主要着眼于互联网、物联网、计算机、大数据快速传输与存储设备、大数据算力等。一方面是针对生猪产业互联网生态系统平台所需要的硬件,需要企业和政府协同构建完善的大数据平台设施设备;另一方面,针对生猪产业链供应链经营主体融入与应用的设施设备,应在增强市场可得性的基础上,通过政府财政资金引导采购。

第五章

产业互联网生态系统融合驱动的生猪产业化经营模式创新绩效

生猪产业互联网生态系统,是新一代信息技术创新发展与生猪产业深度融合所形成的互联网生态系统。这一生态系统的创新发展、推广应用及其与生猪产业深度融合,也推动了生猪产业链供应链数字化、智能化、平台化、网络化方面的持续发展,二者相互协同,互促共生。生猪产业互联网生态系统驱动生猪产业化经营模式创新:在宏观上有助于推进生猪产业数智化进程,提高生猪产业养殖端的生产效率和绿色效率;在服务端,能促进生猪产业链供应链服务的分工和专业化发展;在交易端,有助于促进生猪交易的电子化和网络化,降低交易成本,提高交易效率;进而促进市场供需更好地衔接,逐步突破"猪周期"问题;在宏观调控端,有助于政府更好预见外部环境变化,特别是市场供需波动、气候环境变迁以及可能出现的疫病疫情风险,从而做出更有效的调控和应对策略。本章将从理论和实证两个维度,探究产业互联网生态系统融合驱动下的生猪产业化经营模式创新的绩效表现。

一、生猪产业互联网生态系统融合驱动的产业化经营模式创新绩效的理论分析

(一)养殖端绩效:技术效率及管理水平的提升绩效

生猪产业互联网生态系统在养殖端主要依托养殖全过程的自动化及数智化管理系统,实现养殖全过程的自动化和数智化。具体涉及种猪选育及繁殖、仔猪养殖与管理、育肥猪养殖与管理等环节:种猪选育及繁殖涉及种猪日常管理(如饲喂、饮水、洗浴等)、生长特征监测、发情监测、孕期监测、生育及产后管理等;仔猪养殖与管理涉及仔猪日常管理(如饲喂、饮水、洗浴等)、生长发育特征监测;育肥猪养殖与管理涉及育肥猪日常管理(如饲喂、饮水、洗浴等)、生长特征监测、育肥成效监

测等。除此之外,还包括猪舍(场)环境监测、粪尿及废水清理、疫病防治等环节。

在生猪产业互联网生态系统加持下,生猪养殖端可以实现日常饲喂、饮水、洗浴的自动化与智慧化调节,猪舍(场)环境监测与自动调节,猪只生长特征及阶段特征的持续监测。基于猪只的情绪、饮食、饮水等特征,可综合预警猪只健康状况,以引导生猪养殖端及时进行干预;基于种公猪、种母猪的体型特征、体质特征,可实现对种猪的优选;对于成年种公猪、育后种母猪,可以基于配种、生育记录的持续跟踪实现优胜劣汰;在仔猪和育肥猪的发育成长阶段,可以根据不同阶段的需要、监测的成长状况、饲肉比变化等,优化调整饲喂时间与次数、饲喂饲料和饲喂量。

依托新一代信息技术实现的养殖和管理全过程自动化与数智化,一方面可以在替代人工的基础上实现养殖全过程的精细化和精准化,提高养殖资源的利用效率、猪只的生长效率和母猪的繁殖效能;另一方面可以增强管理的科学性和合理性,在提高管理效能的同时降低管理综合成本。

(二)服务端绩效:服务效率提升与专业化分工深化绩效

新一代信息技术创新并与社会各领域深度融合,会创生新产品或新服务,也会形成新的市场需求,进而催生新市场、新行业。同时,它也会对传统产业进行改造,在优化资源配置和推进传统产业数字化转型的基础上,形成新的业态。新一代信息技术融入生猪产业,除了推进生猪养殖全过程数字化、平台化及可视化外,也会诱致生猪产业链供应链运行模式与机制的创新,促进生猪产业链供应链服务及供给方式、交易方式的创新,推动服务供给侧结构性改革,在提高服务效率的同时拓展服务市场。

具体来说,一是生产要素供给主体依托互联网、移动互联网、大数据技术(如大数据挖掘、爬取与存储等)和人工智能(如机器学习、ChatGPT、DeepSeek等),有助于在养殖全过程中实现生产要素(主要包括饲料、兽药、信息、技术、管理知识等)供给的平台化和网络化,从而实现更好的交互性。二是依托物联网、大数据与云计算等技术,有助于实现活体生猪收储和运输的实时监控和优化,促进猪产品(包括猪肉及副产品)及其制品冷链物流的发展。在市场空间拓展的条件下,这将有助于推进相关冷链物流的专业化分工、数字化和可视化。三是在促进生猪产业链供应链优化升级的同时,还将催生供应链金融、保险等需求与供给的涌现,在一定程度上破解了流动性不足、不确定性突出等现实问题。

（三）交易端绩效：交易效率的提升绩效

新一代信息技术与生猪产业深度融合，除了有助于实现养殖环节的自动化、数智化，促进产业链供应链服务创新与结构性变革外，还催生了生猪活体交易、猪肉和猪肉制品营销的数字化和网络化。传统活体生猪交易主要采用线下交易方式，贸易商或经销商直接到养殖户（场），现场验猪并直接讨价还价以达成交易。这需要贸易商或经销商具备独到的"眼力"，能够准确识别猪只的身体状况和体重。交易双方在猪只信息、市场供需及价格信息等方面存在突出的信息不对称。

生猪初加工产品（如猪肉、副产品及猪肉制品）一般采用农贸市场、专卖店或商超等线下交易方式。消费者或经销商需要到固定地点去采购或订购，这种方式同样面临突出的信息不对称问题。购买者对于猪的养殖情况、猪的健康状况以及猪肉及副产品的品质等信息的了解处于劣势，这对购买者的质量识别能力和讨价还价能力有较高要求。也正是由于信息不对称，土猪肉、特色猪肉、绿色猪肉及猪肉制品，存在逆向选择风险，优质优价难以实现。

新一代信息技术融入在交易端可以带来如下优势。一是依托平台化及其他辅助设施和制度，借助区块链技术实现生猪全过程溯源，有效破解信息不对称的问题。二是基于互联网平台、移动互联网、电子商务技术和数字金融技术等，实现活体生猪交易市场的电子化和平台化。交易信息的上传、搜索与匹配，以及讨价还价、交易达成、交易契约签订、活体交易、违约处理等全过程均可依托互联网交易市场实现，从而降低交易成本，提高交易效率。

（四）宏观调控端绩效：疫病疫情与市场供求监测及调控提升绩效

生猪是重要农产品之一。活体生猪市场和猪肉及其制品市场的供需均衡状况，直接影响社会民生，也是各级政府关心的重要民生议题。长期以来，生猪产业因受多维因素影响，一直面临市场供给及价格周期性波动问题，既影响社会民生，也制约了产业的高质量发展。

为应对生猪产业周期性波动，各级政府采取了一系列惯常措施。一是着眼市场供需不对称问题，向社会发布全国各主要城市猪肉价格信息，期望发挥价格的引导作用。二是针对供不应求导致的价格上涨，将储备猪肉投放市场，来增加市场供给，平抑猪肉及猪肉制品价格。三是着眼于疫病及其影响，推进疫病的事中和事后防控——事中主要通过医疗及其他举措应对疫病，降低疫病及其传播带来的损失；

事后则着眼于疫病后生猪产业的恢复,采用财政补贴和保险的方式,引导生猪养殖经营主体增加养殖。

这些基本调控政策在一定程度上缓解了生猪产业周期性波动带来的影响,但并没有从根本上解决问题。新一代信息技术,特别是物联网、移动物联网、大数据、云计算、人工智能等技术与生猪产业的深度融合,有助于推动基于大数据的市场需求与供给预测,有针对性地引导生猪养殖与市场供给;有助于基于疫病及其传播进行疫病预测、预警及防控,增强疫病疫情控制的针对性和系统性;有助于通过精准预测产业链供应链的市场供需,增强对外部冲击的预警能力和产业链供应链的韧性。

二、生猪产业互联网生态系统融合驱动的产业化经营模式创新绩效的实证分析

(一)促进了生猪产业的数字化转型

新一代信息技术与生猪产业持续深度融合,大力推进了生猪产业互联网生态系统的形塑。在地方政府大力推进下,生猪养殖大省、大县,生猪企业特别是龙头企业、上市公司,积极推进生猪经营管理的数字化转型。

1.在推进技术创新的同时推动生猪养殖模式的数字化转型

广东省推出了"数字猪+无人场"养殖模式,运用新一代信息技术实现养殖端、流通端、屠宰端全链条数字化、透明化、全程可追溯。该智能技术设备在国内外近30家企业、超过300个母猪场、1900个肉猪场得以推广应用,使用数量超20万套,服务猪只超500万头。

重庆市荣昌区依托国家生猪交易市场、国家级生猪大数据中心、国家生猪技术创新中心等平台,积极推进生猪养殖、交易、服务的网络化进程。

浙江省桐乡市依托托普云农全资子公司——浙江森特信息技术有限公司,共同打造"生猪精密智管"模式,旨在推进数字技术赋能,推进桐乡市畜牧业的高质量发展。该模式依托数字化平台、生猪智能生物耳标技术实现信息采集监测与自动传输,实现猪只的实时化监测与精准化管理。该应用还有效助推了当地生猪强制免疫政策补助制度革新。该案例作为浙江省数字农业领域优秀示范案例,成功入选浙江省首批数字赋能促进新业态新模式典型企业和平台名单。

江西省抚州市东临新区管委会与布瑞克农业互联网有限公司合作,打造了"江西猪业云·数字农业产业园"项目,旨在依托布瑞克公司成熟的农业互联网和大数据云服务技术,建设抚州市生猪大数据中心、交易结算中心、产业互联网运营中心、生猪屠宰供应中心、数字门店(肉掌柜)运营中心等,打造生猪全产业孵化平台和农业数字经济产业园,推动生猪全产业链数字化转型升级。

广东省茂名市将生猪产业作为全市农业农村"百千万工程"高质量发展的重要组成部分,大力推进新型农业经营主体培育,不断探索以"统一管理、统一防控、统一排污、统一废弃物资源化综合利用"为特征的"养殖小区"模式。同时,着力将新一代信息技术应用到生猪养殖业,建立政府生猪产业监管平台、企业智慧养殖管理平台、生猪追溯监管平台、智慧养殖公共服务平台等,以打造高效"数字生猪"示范区。

广西壮族自治区百色市德隆乡则依托生猪生态养殖科技小院,推广应用"移动智能生态猪舍"。该猪舍配置了精准饲喂系统、自动环境控制设备和自动排污设备,既节约了人工成本,又为生猪提供了良好的生长环境,降低了疫病发生的风险。德隆乡还依托现代生态养殖脱贫奔康产业园,实现了养殖的一体化和数字化。产业园集良种繁育、种猪生产、循环农业、科研为一体,园区建有数字化远程监控中心、智能化圈舍,以及数字化科学饲喂、环控、生物安防和粪污无害化处理等数智化管理系统,有力推动了生猪产业高质量发展。

2. 推进了生猪养殖企业特别是龙头企业的数字化转型

一方面,形成了以农信互联、爱农云联、托普云农、京基智农、布瑞克、天演维真、南商农科等为代表的畜牧业"互联网+政务服务"企业群,这些技术服务企业的崛起为生猪产业互联网生态系统的形成提供了技术支撑。另一方面,畜牧业龙头企业持续引领并推进生猪产业的数字化转型。

自2003年以来,唐人神集团股份有限公司开始引入金蝶软件进行财务核算及供应链信息化建设,并提出、推进"物联网+大数据+智慧猪场"养殖模式。在数字化转型过程中同步优化组织架构,建立了智慧养殖平台、智慧饲料平台、智慧屠宰平台等数字化系统,实现了全流程数字化监控和优化。

新希望集团则持续推进"数字化生态"建设,2013年公司提出了年轻化、国际化、互联网化、产业金融一体化的"四化"战略进行变革转型。2018年公司进一步提出了生物科技的"6936战略"和信息科技的"146N数字化战略",全面启动公司数字化转型。

温氏股份则用数字化管理"5万+养殖户"。自2019年以来,公司持续推进数字化转型,实现全产业链的系统全面云应用。借助数字化技术,公司打造了温氏现代农业产业互联网平台(包括温氏商城、阳光采购、农户服务平台等),建成了两地三中心的数据管理中心,对生成的数据进行存储、运算和融合,构建了涵盖企业运营八大层面的数字化应用体系。在养殖户管理方面,公司构建了合作农户专用服务平台"农管宝",打通了公司与农户的"最后一公里"连接。

正大集团则着力推进全产业链的数字化转型。一方面是打造高标准"数字猪场"。2019年,集团在广东省湛江市遂溪县布局"百万头生猪全产业链"项目,按照"种养加销配"全产业链模式,形成从生产、加工、仓储、物流、研发到销售为一体的产业园区。园区采用自繁自育聚落化养殖模式,打造生猪养殖"智能公寓",将智能设备及技术应用于生猪养殖全过程,实现了全过程的标准化、数字化、智能化、科学化。另一方面,依托数字化平台构建"从农场到餐桌"全产业链。集团打造了智慧养殖数智化示范工程以及动物疫病防控预警系统、生猪全产业链追溯系统等数字化系统,推进了种猪场、育肥场、饲料厂的全系统视频监控。此外,基于"百年正大""农牧业全产业链""从农场到餐桌+从养殖到食品""联农带农""安全食品溯源"五个方面,依托信息化展厅推进了信息可视化。

(二)促进了生猪产业降本增效

从经济学逻辑来看,畜牧业经营主体在采纳新技术时,主要考虑技术的可得性和资产专用性、经营主体自身的资源禀赋和能力、技术采纳的预期净收益或现值净收益,以及外部环境的"推—拉"作用力等因素。在其他条件满足的情况下,主要取决于技术采纳能带来的预期净收益或现值净收益,当预期净收益或现值净收益为正的情况下,经营主体往往会用新技术替代旧技术,这也符合生猪经营主体融入生猪产业互联网生态系统的基本逻辑。生猪产业互联网生态系统的形塑与拓展,为生猪经营主体全链条数智化转型提供了技术可得性,经营主体数字化转型的深入推进,又进一步促进了生猪产业互联网生态系统辐射深度和广度的提升,二者协同互促,有力促进了生猪产业和经营主体降本增效。

1.有效降低了生猪经营主体的综合成本

依据《全国农产品成本收益资料汇编》的成本构成分析,生猪生产总成本包括生产成本、土地成本、交易成本。生产成本主要包括物质与服务费用、人工成本。物质与服务费用主要由直接费用和间接费用构成。其中,直接费用包括仔猪费、精饲料费、青粗饲料费、饲料加工费、水费、燃料动力费、医疗防疫费、死亡损失费、技术服务费、工具材料费、修理维护费以及其他直接费用;间接费用包括固定资产折旧、保险费、管理费、财务费、销售费。人工成本主要包括家庭用工折价、雇工费用。通过新一代信息技术与生猪产业深度融合,最直接的影响是推进生猪全产业链的数字化、智能化和智慧化,进而有助于推进生猪全产业链的精准化管理,在提高供应链效率的同时降低经营主体的综合成本。规模生猪企业依托其在自身产业链、供应链核心端(如采购端、养殖端、物流运输端、屠宰加工端、市场交易端等)的规模经济优势,降低采购成本、养殖成本、物流运输成本、屠宰加工成本、市场拓展与推广等成本。这一成本优化效应构成了头部企业积极推进数字化转型的核心经济理性,即为了更好地降本增效,以提升市场竞争力。

自2015年国家提出大力推进"互联网"与产业深度融合以来,畜牧业大省大县、规模经营企业都积极响应,用"互联网+"思维改造提升传统畜牧业,推进产业链数字化和智能化,有力促进了全产业链运营的智能化、精准化,实现了综合成本的降低。

如图5-1所示,经过生猪(毛重)生产价格指数(2003年=100)平减,尽管自2003年以来生猪单位主产品平均成本有显著上升趋势,但自2015年以来平均成本总体呈现下降趋势;单位产值平均成本虽波动明显,但自2015年以来也呈现总体下降态势。

图5-2显示了规模养殖生猪单位主产品平均成本和平减处理后单位产值平均成本的变化情况。在规模养殖条件下,2003—2014年,生猪养殖单位重量的主产品平均成本和单位产值平均成本呈现了与散养生猪相似的变化情况,总体呈现小幅上升的态势。

如图5-3所示,2021—2024年平减后规模养殖和散养情况下各月单位产值成本的变化情况。由图可见,平减后规模养殖和散养的单位产值平均成本变化趋势基本一致,散养的单位产值平均成本略高,但与规模养殖的非常接近。从数值变化看,虽有显著波动,但总体仍呈现下降态势。这种综合成本下降的态势,除了得益于养殖集约化、一体化带来的规模经济效应外,很重要的是新一代信息技术的深度融合,提升了管理水平、全产业链精准化水平,并有效降低了人工成本。

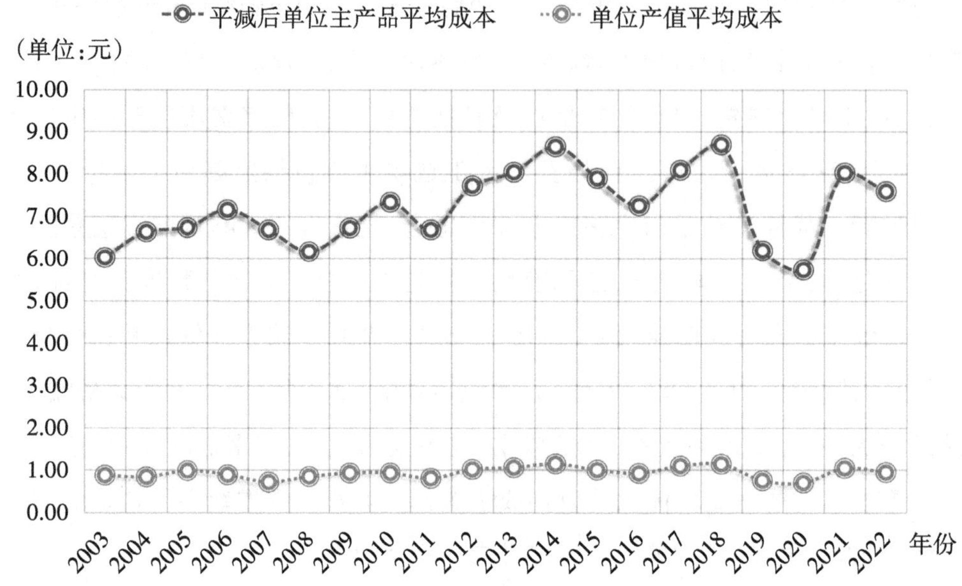

图5-1　2003—2022年散养生猪单位主产品平均成本与单位产值平均成本

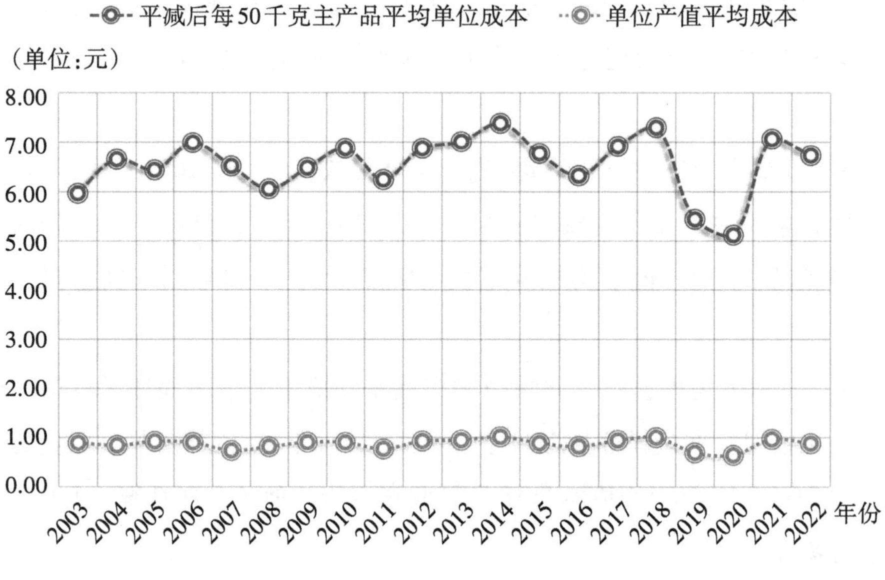

图5-2　2003—2022年规模养殖生猪单位主产品平均成本与单位产值平均成本

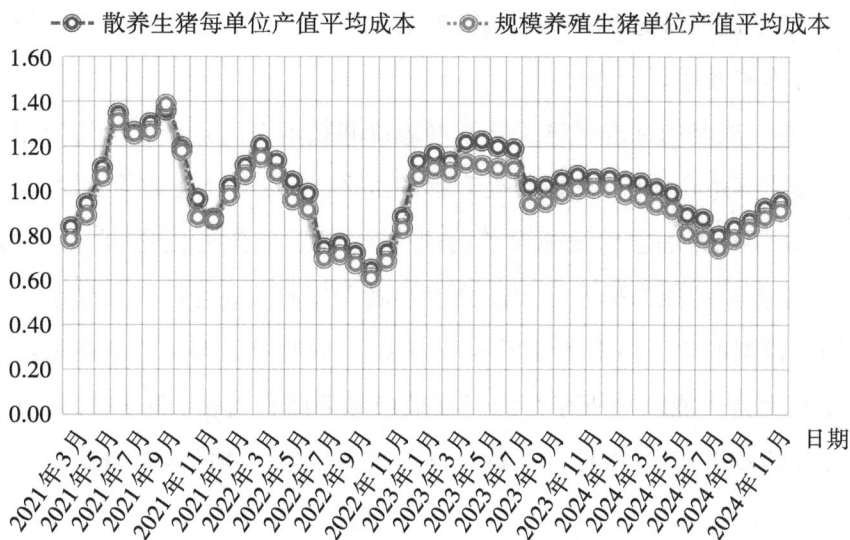

图5-3 2021—2024年各月规模养殖和散养生猪单位产值平均成本

2.有效提升了生猪养殖效率

新一代信息技术与生猪全产业链的深度融合,有助于推进全产业链的智能化和自动化转型,在降低综合成本的同时提升资源配置效率,从而提高生猪养殖效益。

一是新一代信息技术有助于促进生猪养殖的规模化、标准化进程,散养模式将逐步被取代,产业通过规模经济效益实现效率提升;二是新一代信息技术有助于优化资源的精准配置,包括资金、饲料、水、人等,使繁育、采购、养殖、流通仓储、屠宰加工等全流程的运营效率得到系统性提升;三是新一代信息技术的应用,有助于促进生产行业技术升级换代,机械化、自动化、数智化技术的融合,能够持续提升产业技术进步效率。

纵观近年来上市的畜牧企业特别是如牧原、神农等生猪行业企业,提升核心竞争力的基本路径主要包括:

(1)纵向一体化融合:将繁育、养殖、屠宰、加工等环节全部纳入统一管理体系,在降低成本的同时提升对产业链供应链的控制能力;

(2)推进生猪养殖与屠宰加工设施设备的现代化、企业养殖端的精细化与科学化、生物安全防控的体系化、屠宰加工端的信息化与可追溯化;

（3）持续推进饲料配方、种猪繁育、养殖工艺与技术等维度的创新升级，依托发明专利提升养殖效率。

"互联网+"战略的推进促进了互联网思维和技术在生猪产业中的应用普及，特别是在规模化养殖企业中，在显著提升管理水平、增强经营决策科学性与精准性的同时，也促进了经营理念和设施设备的现代化转型，依托机械化、自动化的间接作用，促进生猪养殖产能的提升。员跃鑫等学者采用FGLS（可行广义最小二乘法）与门限自回归模型的验证结果印证了本书的观点，同时也强调了互联网采用、机械化推进程度对生猪产能影响所存在的门槛效应和非线性特征，即互联网采用促进生猪产能提升的效果、互联网促进机械化进而提高生猪产能的效果，都存在一个程度的问题。

除此之外，数字普惠金融总体发展水平、覆盖广度和深度的增加也有助于显著提高生猪产业全要素生产率。

理论上，数字普惠金融凭借其深度渗透性、低交易成本、高交易效率和相对低的进入门槛，有助于优化金融资源配置，提高经营主体的生存和发展能力，推动其规模化和现代化转型，同时也有助于提升经营主体的信息素养和吸引社会资本，进而综合提升经营主体和生猪产业的全要素生产率。王善高等人的研究为本书的基本思想提供了印证，也为推进数字普惠金融发展，助推生猪产业高质量发展提供了新的理论依据。

基于《全国农产品成本收益资料汇编》（2003—2022年）的数据分析，在一定程度上支持了本书的基本观点。如图5-4所示，散养生猪主产品的平均生长率（即主产品质量除以平均饲养天数）和平减后单位成本的主产品产出率（即主产品质量除以平减后总成本）总体呈现上涨态势。如图5-5所示，规模养殖生猪单位成本产值率、每天主产品生长率虽有明显波动，但总体依然呈上升的趋势。除了设施设备现代化、养殖技术与饲料科技的革新、经营主体规模化与标准化运作等显著促进作用外，还必须考虑新一代信息技术的积极助推作用。

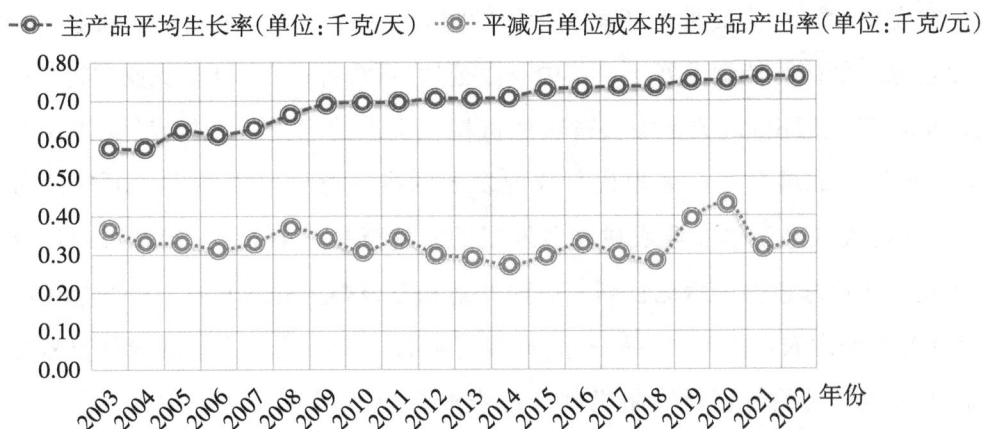

图5-4 散养生猪主产品平均生长率和单位成本主产品产出率

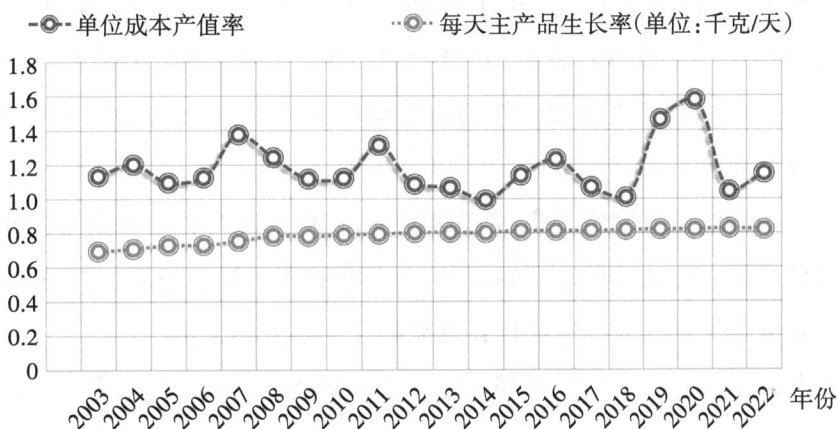

图5-5 规模养殖生猪主产品平均生长率和单位成本产值率

3.有效推进了生猪产业绿色发展

新一代信息技术与生猪产业链供应链的融合,有助于促进生猪产业标准化与自动化、数字化与智慧化发展,显著降低由养殖成本、客观交易成本、内生交易成本等构成的综合成本,有助于显著提高生猪产业经营效率。与此同时,这一融合也能有效推进生猪产业的绿色发展。一是通过自动化、数字化设施设备提高要素配置效率,实现饲料、兽药、水等要素的减量化使用;二是借助粪污资源化利用技术和工艺,在实现粪污减量化排放的同时实现粪污的资源化利用,如与种植业协同的还土还田、粪污干湿分离后的有机肥加工等;三是依托废气收集处理系统,将废气进行处理,以减少空气污染;四是利用环境信息和猪只信息的收集与监控系统、可追溯系统,强化生猪生物安全管理和生猪及猪肉制品质量管理。

在完整、准确、全面贯彻新发展理念的过程中,各级政府高度重视农业特别是畜牧业绿色低碳可持续发展。中共中央办公厅、国务办公厅,以及农业农村部等相关职能部门先后出台《关于加快畜牧业机械化发展的意见》(农机发〔2019〕6号)、《关于加快东北粮食主产区现代畜牧业发展的指导意见》(农牧发〔2017〕12号)、《关于支持长江经济带农业农村绿色发展的实施意见》(农计发〔2018〕23号)、《关于印发畜牧业绿色发展示范县创建活动方案和考核办法的通知》(农办牧〔2016〕17号)、《关于印发农业生产"三品一标"提升行动有关专项实施方案的通知》(农办规〔2022〕20号)、《关于创新体制机制推进农业绿色发展的意见》(中办发〔2017〕56号)、《关于加快农业发展全面绿色转型促进乡村生态振兴的指导意见》(农规发〔2024〕27号)、《全国智慧农业行动计划(2024—2028年)》(农市发〔2024〕4号)、《农业农村污染治理攻坚战行动方案(2021—2025年)》(环土壤〔2022〕8号)等系列政策文件,为地方、企业推进畜牧业特别是生猪产业绿色、低碳可持续发展提供了方向引领与政策导向。

各地也在因地制宜制定地方政策的同时,积极推进畜牧业特别是生猪产业的绿色化转型发展。在此过程中,随着新一代信息技术的融合应用,数字技术赋能生猪产业高质量发展已成为各地践行新发展理念的核心抓手。

一是大力按照"生产高效、环境友好、产品安全、管理先进"的要求推进生猪标准化规模养殖,广泛普及应用精准饲喂、环境控制、疫病防控等现代化装备和技术;二是充分融合生物技术和新一代信息技术,着力提升自主制种供种能力,创新一批生猪育种关键技术,围绕遗传评估高效算法、高通量分子监测、功能基因鉴定、表观遗传修饰、群体进化规律、基因编辑和人工智能数据采集等领域开展深入研究;三是围绕源头减量、过程控制、末端利用三个关键环节,大力推进粪污资源化利用标准规范制定和技术研发推广。通过以上措施,生猪产业数字化与绿色化协同发展取得显著成效,为农业绿色低碳可持续发展提供了示范样板。

在此过程中,禄丰、金华、台州、平阳、鹿寨、永春、绵阳、新兴、万州、荣昌等代表性地区积极探索数字化与标准化、绿色化协同发展路径,取得了显著成效。

云南省禄丰市致力于构建现代生猪生产体系和经营体系,全面提升生猪产业标准化、绿色化、规模化、循环化、数字化、基地化水平,高质量打造生猪绿色产业。浙江省金华市着眼于打造浙江美丽牧场建设示范区,依托现代化的碗式饮水器、工业化污水处理系统、自动化温控和淋浴系统、沼气发电系统、生态饲养技艺等子系统，协同实现生猪产业绿色可持续发展。浙江省台州市依托异位发酵床、活性水除臭设备、规模畜禽养殖场粪污处理设施装备、粪污资源化利用配套设施（如自动喂料系统、排泄物机械化清运与综合利用、养殖环境控制等智能化设施设备），大力推进生猪养殖标准化、绿色化、循环化、规模化、智慧化。浙江省平阳县则依托数字美丽生态标杆牧场建设、种养循环模式，引领生猪养殖向规模化、标准化、精细化、绿色化、现代化方向转型。广西壮族自治区鹿寨县以集养殖生猪、加工生产有机肥、种植水果为一体的循环经济现代生态养殖示范区建设为抓手，依托高架网床栏舍、自动输料系统、地暖系统、天棚冷辐射系统、自动温控系统、猪粪尿"干清粪"工艺、有机肥生产和"沼-果"循环体系，实现生猪养殖向集约化、规模化、绿色化和可持续化转型升级。福建省永春县主要依托科技智能监管手段，强化生猪规模养殖场的污染防治管控。具体做法是在规模生猪养殖场安装温感仪、液位计、视频监控等数字设备，将数据实时传入永春污染源监管系统。每天，工作人员对系统进行调度，对发现的问题及时整改，对违法行为严格查处，提高了管理水平和效率。四川省绵阳市依托"麦冬·生猪现代农业产业园"，大力推进标准化养殖场、代养场建设，同时积极配套建设种养循环发展生态、粪污处理中心、有机肥厂等工程，协同推进整个区域的粪污资源化利用。广东省新兴县则依托数字农业农村试点项目构建生猪服务平台，健全完善畜禽智慧养殖数字化生产技术规范，创新畜禽智慧养殖模式，推动畜禽养殖全过程的自动化、智能化、数字化和精准化。项目平台依托农业农村大数据中心、重要农产品全产业链大数据和数字农业创新中心，集成县域综合资源管理系统、物联网智慧养殖综合管理服务系统和大数据分析，实现区域内生猪全产业链数据的汇集、分析、应用和服务，在提高效率的同时，实现水、电、饲料、兽药以及粪污的减量化管理。重庆市万州区依托"有机农业产业化100万头生态猪养殖项目"，一是推进生猪养殖技术革新，推广"低架网床+益生菌+异位发酵"养殖技术，实现标准化养殖；二是推进与重庆市畜牧科学院万州分院、万州区大数据应用发展管理局、国家级生猪大数据中心·三峡运营中心深度合作，联合开展生猪全产业链技术研发，并依托生猪全产业链数字化、智能化相关技术与平台推进生态养猪，助推生猪产业绿色高质量发展。

以新希望六和、牧原集团为代表的生猪规模养殖企业也积极依托数字化推进生猪产业绿色发展。自2021年以来,新希望六和推进了饲料数字化工厂建设试点,打造厂区数字物流系统平台;通过采购平台实现数字化采购;研发具有自主知识产权的饲料配方系统;推进了数字化粮仓建设和智慧猪场建设,依托数字技术实现粮仓管理的自动化与智慧化;通过"慧养猪""秀杰和普"等App推进生猪养殖的智能化和数字化。公司致力于持续推进"三全四化",即关键设备智能化、全业务场景数据化、全数据在线功能化、全过程管理主动化,以数字化推进企业绿色、低碳、可持续、高质量发展。牧原集团依托数字技术研发了智能环控、饲喂、巡检、自动清洗、自动性能测定等智能技术和配套设备,开发物联网平台实现前端智能设备采集数据的统一汇总处理,并依托大数据分析模型实现生猪养殖全场景数据的高效管控。集团探索形成了零排放、无隐患、除臭气、减雾霾、碳减排的"环保发展五台阶"模式,建立了覆盖产业链各环节的全面环境管理机制,同时推广"养殖—沼肥—绿色农业"的种养循环模式,将生猪养殖废弃物全部资源化利用,实现绿色可持续发展。

新一代信息技术的深度融入,显著促进了全产业链的数字化、智能化和智慧化,同时也推进了养殖的标准化、自动化和精准化。在显著降低产业综合成本、提高产业链供应链效率的同时,还促进了生猪全产业链供应链投入的减量化、猪粪尿的减量化与资源化利用、废气的工业化处理,这有助于显著提升生猪产业特别是规模养殖主体的绿色全要素生产率。邹四海等的研究为本书的基本观点提供了有力支撑。他们认为数字技术通过提升治污效率来降低治污成本,通过提升防病能力来降低兽药成本等途径,有效促进了养殖户的绿色生产;考虑到数字技术的资产专用性,中小规模户相较于散养户的绿色效应更明显,与企业合作的农户相较于非合作户的绿色效应更明显,受培训农户相较于未受培训农户的绿色效应也更明显。

4.在一定程度上抑制了生猪市场周期性波动

受生猪养殖的生物属性及其决定的生长周期性、生长过程的不可逆性、信息不对称与不完备性、应对装置的不健全性、养殖的小规模与低集中度等现实约束,生猪产业发展面临突出的不确定性和波动性,深度影响生猪经营主体的生存和可持续发展。新一代信息技术与生猪产业深度融合催生的产业互联网生态系统具有以下几点积极意义。一是有助于促进对市场供求信息的持续跟踪,以及对外部环境及其变化的持续关注,从总体上更精准预测未来的市场供需、价格波动。二是有助于促进政府宏观调控机制的健全完善,提高其精准度。政府可以基于更加全面、系统、长期的数据,在大数据模型分析的基础上做出更精准的预测,据此出台更有针对性的调控政策。三是有助于促进生猪经营主体走向规模化、组织化,散养、小规模养殖逐步被规模化和标准化养殖所替代,通过提升信息能力、综合实力,进一步提高生猪产业综合风险应对能力。

根据对《中国畜牧兽医年鉴》(2004—2023)的数据分析,中国生猪养殖持续向规模化、标准化经营转型。如图5-6所示,年出栏1—99头、100—499头、500—2999头的经营主体数量呈现先增后降的基本态势,2012年之前基本呈现上涨态势,2012年至2019年呈现下降态势,2019年之后数量基本保持不变。如图5-7所示,年出栏3000—9999头、10000—49999头、50000头及以上的经营主体数量虽有波动,但总体呈现上涨态势。2014—2019年,年出栏3000—9999头和10000—49999头的经营主体数量呈下降趋势。随后快速恢复并呈现增长态势。

综合图5-6、图5-7所示数据,中国生猪养殖行业正持续推进农户散养、中小型企业规模养殖化和龙头企业大规模化养殖成为未来的发展方向。这一判断与牧原、新希望、东瑞等生猪行业上市公司在2023年年报中的基本判断相契合。2023年底,生猪规模化养殖比重达到68%左右,比2022年提高了约3个百分点。2023年,我国生猪出栏量居前十的上市公司合计出栏约14915万头,占全国生猪总出栏量的份额约为20.53%,较2022年有所提升。这有助于增强抵御行业周期性波动的能力。

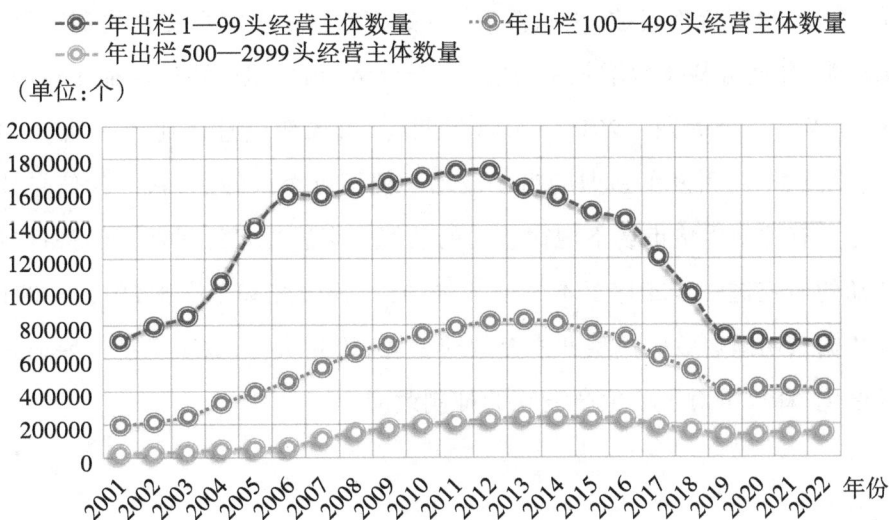

图5-6 2001—2022年生猪经营主体数量(1—99头、100—499头、500—2999头)数

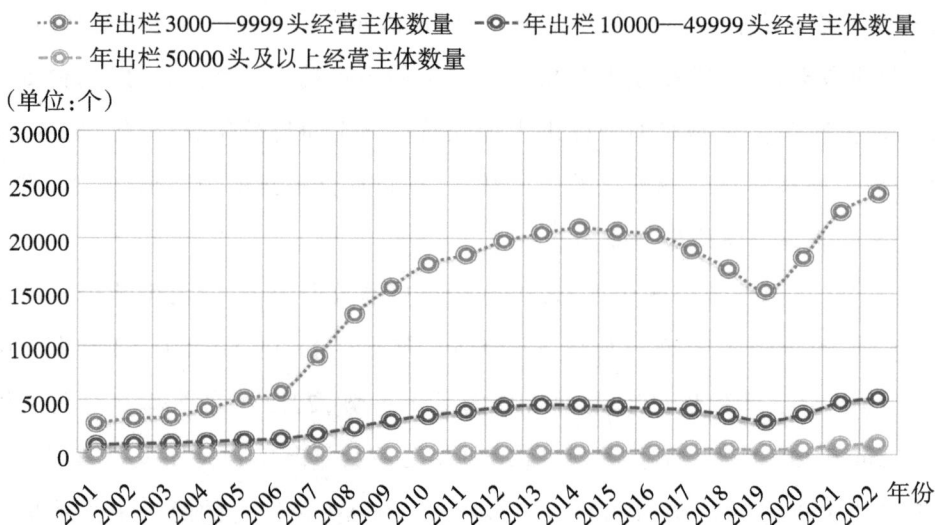

图5-7　2001—2022年生猪经营主体数量（3000—9999头、10000—49999头、50000头及以上）数

自2015年国家推进"互联网+"战略以来，生猪规模经营主体特别是企业类经营主体积极响应国家战略，推进生猪经营的网络化、信息化、数字化、智慧化、智能化和自动化，显著提高了相关技术水平，也在一定程度上降低了市场供求信息在经营主体间的不对称性。与此同时，农业农村部、各级地方政府、大数据中心等部门和机构也积极完善生猪活体市场、猪肉市场的宏观调控机制，有效对冲了生猪市场的波动性。

图5-8、图5-9呈现了2004年以来猪肉产量增长率、生猪年底存栏头数增长率及生猪（毛重）生产价格指数（平减前后）的变动趋势。从整个变化周期来看，无论是猪肉产量、年底存栏头数增长率，还是生产价格指数，周期波动性都比较明显，一般每3—4年为一个周期。2015—2018年期间，市场变化总体比较平稳。2019年后，市场受到影响，引发了强烈的市场波动。但不可否认的是，新一代信息技术的深度融合具有抑制生猪市场不规律波动的效能。李思懿等针对数字经济抑制生猪生产波动的研究进一步支撑了本书的基本结论，其研究基于中国2012—2021年省级面板数据采用固定效应模型和中介效应检验，研究认为，数字经济主要通过促进生产规模化，释放了对生猪生产波动的抑制效应。

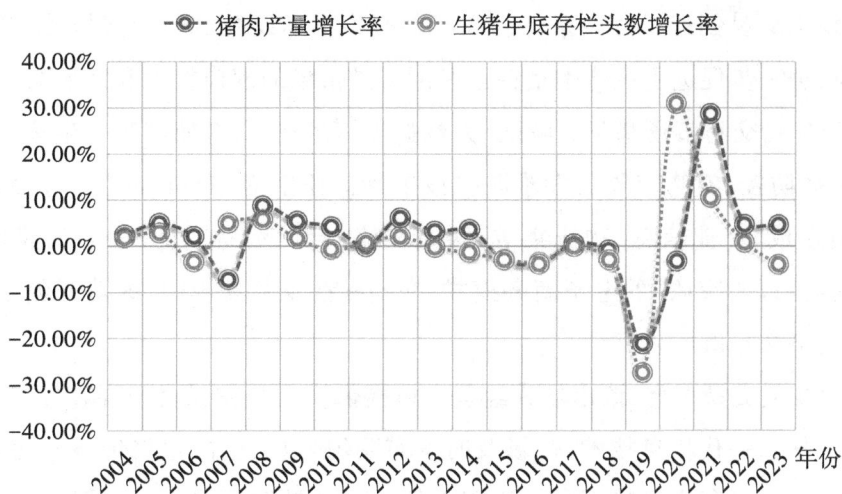

图 5-8 2004—2023 年猪肉产量增长率与生猪年底存栏头数增长率

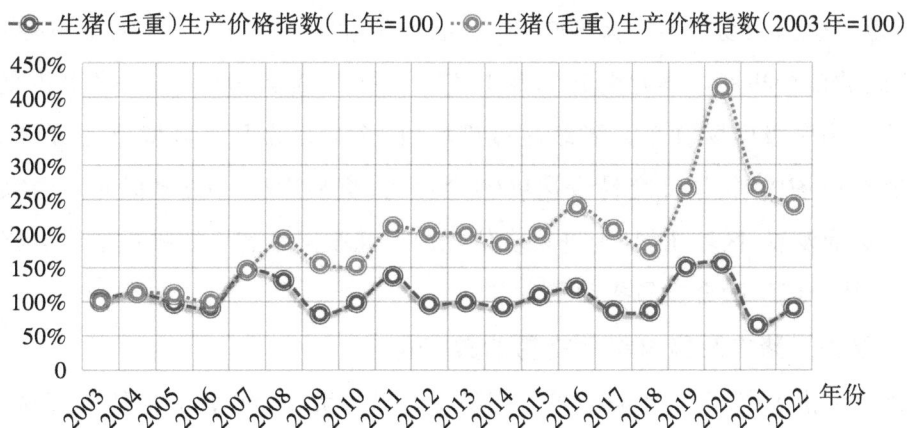

图 5-9 2003—2022 年猪(毛重)生产价格指数

(三)助推了生猪及其猪肉制品交易的数字化

1.促进了活体生猪交易的数字化

传统生猪交易以线下交易为主,面临高昂的交通成本、时间成本以及信息不对称引发的内生交易成本。也正是由于高昂的外生和内生交易成本,制约了活体生猪交易的市场空间,经济实力较弱的经销商或经纪人往往以镇或者县为主要的交易空间,经济实力强的生猪企业才能选择省域或者跨省域交易。随着"互联网+"战略的深入实施,新一代信息技术与生猪产业的融合得到了进一步推动。从交易层面来看,生猪互联网交易的技术创新和制度创新,以及互联网平台的构建与推广,为活体生猪的线上交易创造了有利条件。政府的有力推动以及互联网交易的效率"推—拉"效应,进一步促进了活体生猪在互联网交易市场的规模扩大和区域拓展。

国家生猪交易市场基于互联网、大数据等信息技术,有效解决了生猪交易标准制定、疫病防控、实物交收三大难题。该市场依托生猪"产销、品牌"两大平台,以及"价格形成、产业信息、物流集散、科技交流、会展贸易"五大中心的建设,按照"线上交易+线下交收"的电子商务模式、交易标准及交易规则,成功开创了中国生猪活体网络交易市场。

作为线上交易平台,该市场为经营主体提供线上交易、品牌赋能以及其他衍生服务。依托新一代信息技术,市场及时发布购销信息、全国生猪价格变动信息,有效解决了生猪经营主体特别是规模养殖场(户)的销路和采购问题,显著降低了交易成本。据《重庆日报》2023年8月10日报道,国家生猪交易市场正式上线运营以来,养殖户生猪交易成本下降80%以上,有力推动了活体生猪"线上交易+线下交收"模式的市场拓展。华龙网2025年1月7日报道,截至2024年,国家生猪交易市场已形成国家级市场(1个)、省级区域市场(12个)、区市县级区域市场(115个)的三级交易市场体系,累计交易量达9000余万头,交易额达1300多亿元。国家生猪交易市场的发展、区域拓展,为进一步依托产业互联网生态系统推进活体生猪的线上交易、线上线下融合交易指明了方向。

2.促进了猪肉及猪肉制品交易的数字化

传统生猪主产品、副产品的零售交易主要以集市(农贸市场)的线下交易为主,相对稳定的摊位或者店铺为猪肉制品的安全与品质提供了保障。由于生猪从母猪繁育、养殖、出售,最后到屠宰分割和加工,整个过程时间跨度大、环节多,各环节信息具有专用性,导致客户特别是终端消费者对于猪肉及其制品的安全性、健康性等品质信息面临很大的不对称性问题。终端消费者往往依托经验、口碑或品牌等应对信息不对称。大型的猪肉制品加工或一体化企业则主要依托自身的检验检疫部门通过抽样检测,或依靠稳定的供销关系来规避信息不对称可能带来的内生交易风险。

互联网技术特别是新一代信息技术的创新发展并与各领域深度融合,在促进全社会网络化、数字化的同时,也催生了基于互联网平台、大数据技术和算法的电子商务的快速发展。在此过程中,生鲜类电子商务在破解高物流成本、品质保障难、规模不经济等现实问题后也得到了显著发展。基于互联网平台的生鲜电商基于大数据技术、商品品类规模、发达的物流配送平台与网络,依托"线上交易+线下配送"模式,在降低综合成本的同时,实现了日常生活采购、生鲜物品采购的在线交易与结算。2020年,生鲜线上交易快速发展,饿了么、京东、美团等纷纷推出社区团购业务,为消费者提供了更加便捷的购买渠道和购买体验。

新一代信息技术赋能的猪肉电子商务模式聚焦供应链系统。代表性企业农牧人依托布瑞克农业大数据平台,聚焦数字化生鲜供应链,以S2B2C模式,构建了集鲜生猪肉集采、配送、运输、销售于一体的供应链系统,有效连接C端商户和猪肉生产厂商,利用其物流冷链系统,直接完成猪肉供应。此模式省去中间两级批发环节,整体降低成本10%～20%。在C端,农牧人推出肉掌柜App平台,吸纳农贸市场摊位、门店免费加盟,通过App平台从农牧人渠道订货,实现前一天晚上10时前预订,第二天6时送达。在生产厂商端,通过App平台集成的规模订单,赋能农牧人更高的与供应商(如新希望、温氏、牧原等)的议价能力。在配送端,农牧人将物流配送交给商户,采用"众包物流"模式,鼓励商户在自运的同时完成周边门店配送业务;冷链仓储环节则依托商户自有的冷藏车存量资源,减少了自建物流配送和冷链系统带来的高成本。2021年,农牧人肉掌柜App上线。2022年9月,中国第一家肉类数字化交易中心在苏州上线,通过数字化赋能跨越地理空间的限制。新一代信息技术的深度融合,成为农牧人商业模式有效运行的基石,在提升物流时间和空间效益的同时,保证了农牧人、猪肉供应商、门店、商户和消费者的利益共享。

(四)助推了生猪产业服务的专业化分工和数字化

生猪产业链涉及服务养殖的供应端、种猪与商品猪的养殖端、生猪的屠宰端与初加工端、活体生猪与猪肉的物流端、猪肉主产品及副产品的精深加工端、猪肉产品与制品销售端等。在传统工业化时代,生猪产业链、供应链受制于交通、信息、质保、技术工艺,产业化发展以散养、中小规模养殖为主,大规模养殖会面临高昂的专用性投资、多维风险(如自然风险、疫病风险、市场波动风险、政策风险等)。与此同时,由于交易效率的约束,市场规模和范围受到限制,从而约束了产业化服务的专业化分工。在传统养殖模式下,饲养种猪和商品猪主要以玉米、小麦、米糠、秸秆、猪草(如菜叶或红薯叶)为主料进行熟食或生食喂养,并在不同喂养阶段添加配合饲料。仔猪一般通过经营户自己喂养母猪繁育或者市场购买,兽药、猪病治疗主要依靠经验或在兽医可及的情况下购买服务;销售一般采取经销商或屠宰经营户上门采购方式,中小规模养殖场(户)一般会与经销商建立相对稳定的采购关系。经销商或屠宰经营户采购的生猪自行运输、存储,在固定的场所进行屠宰、初加工、检验检疫,然后投向零售市场或猪产品加工厂。

在传统养殖模式下,资金、信息、技术、管理等要素的取得基本通过养殖场(户)自行获得。资金主要来源于自有资金、社会网络筹措和从正规金融机构借贷。市场供求信息的获取渠道受限,信息分布严重不对称。技术信息主要来源于技术推广,技术获取主要依赖自主学习。管理更多靠经验和对外交流学习。传统养殖模式无法适应日益变化的市场供求,养殖成本高、效率低、应对风险能力弱等突出桎梏约束着传统养殖模式的存续。这也是散养、中小规模养殖逐步被规模化养殖替代的主要原因。

传统养殖模式的缺陷、现代生猪养殖技术的变革、市场需求侧的深刻变化对养殖模式革新提出了新要求。现代生猪养殖以规模化、自动化、市场化为其基本特征。生猪养殖经营以风险有效控制下的利润最大化和成本最小化为基本导向。为有效应对综合风险,规模经营主体需要持续提升综合管理水平、技术能力、市场交易能力、资源资本筹措能力和风险抵御能力。在特定空间范围内,对资本、技术、信息、管理、废弃物处理等服务会产生规模需求。这些都为生猪产业链和供应链的专业化分工及数字化提供了有利条件。

新一代信息技术的创新发展并与产业深度融合,政策制度、交通条件、基础设施的进一步完善,在降低交易成本、提高交易效率的同时,也有助于进一步推进生猪产业链供应链专业化分工的深化。

一是新一代信息技术及其支撑的产业生态系统的专业化服务。由于新一代信息技术、互联网平台、管理信息系统等在信息技术、大数据技术、人力资本等维度表现出高资产专用性,生猪规模经营主体对数字化转型有旺盛需求,从而催生了畜牧业(生猪)产业中信息技术、网络技术、数字技术及其服务的专业化分工,也促进了如农信互联、布瑞克、爱农云联等一大批专业化供应商的发展成长。

二是依托新一代信息技术的生猪养殖数字化解决方案、生猪及猪肉互联网交易解决方案、生猪供应链解决方案等专业服务。随着生猪经营管理规模、现代养殖技术以及对外部环境适应与响应复杂程度的显著提升,系统推进经营主体(企业)的数字化、电商化和供应链管理现代化形成了旺盛需求,也催生了相应系统解决方案供应的专业化。

三是生猪产业的期货、供应链金融、保险等专业化服务。由于生猪产业面临多维风险,且风险基本呈现系统性特征,如何有效化解成为政府、经营主体长期关注的问题。新一代信息技术、风险应对技术的革新,衍生出了基于新一代信息技术的生猪产业供应链金融、期货、保险产品(或服务),也促进了如国家生猪交易市场、国家级生猪大数据中心等专业化经营主体(平台)的发育成长。

(五)助推了生猪经营主体经营管理水平的提升

生猪经营主体的发育成长深度嵌入经济与社会发展、技术与工艺革新、政策与制度变革等多维系统环境。要保证生猪产业经营主体可持续发展,就必须持续优化其产业链供应链体系、持续提升其经营管理能力。

在农业时代,生猪产业经营主体主要基于自身积累的经验、知识、技术工艺传承来支撑生猪繁育、养殖、交易、屠宰零售或初加工。进入工业化时代,生猪产业经营主体面临的外部环境比农业时代更复杂且不确定性更高,生猪产业经营管理的突出特征是自动化、机械化、社会化、标准化。具体表现为产业链供应链的合作与联合、基于数据与技术的科学决策、机械与设备的养殖屠宰加工、成本和需求相对稳定的产业组织结构等。

随着信息技术特别是新一代信息技术的发展,并与社会经济各行业的深度融合,人类社会进入了信息化、数字化时代。在这一时代,商品和服务更加丰富,买方市场特征更加明显。消费者需求呈现更加突出的个性化、小众化,消费偏好的不确定特征也更加明显。从商品品质要求来看,消费者在更加关注自身健康的同时,对食品安全、绿色、有机、农药残留等的要求更高,对优质、生态、有机畜产品的支付意愿显著增强。

与此同时,信息的渗透性更强,生猪产业所面临的市场、社会、自然、疫病、网络等外部不确定性更突出,市场竞争更激烈。如何在高度不确定性、激烈竞争中生存并实现可持续发展,成为以规模化、现代化经营为特征的生猪经营主体亟待解决的现实问题。

为有效应对高度不确定性、复杂性的外部环境,以上市公司为头部企业的生猪经营主体主动响应信息化、数字化变革,以信息化、网络化、生态化的确定性应对外部环境的不确定性。

一是推进产业链一体化。为更好地应对外部不确定性,特别是市场供需的不确定性，生猪产业经营主体不同程度地推进了纵向一体化战略。将饲料研发与生产、种猪养殖与繁育、仔猪与商品猪养殖、屠宰加工等产业链核心环节一体化纳入企业，或者通过更加稳定和紧密的供应链合作，以保证供应链的稳定性和高效性，从而降低综合成本，提高市场议价能力。

二是走向全链条的数字化、信息化和网络化。规模养殖主体涉及产业链较长，固定资产投资量大且专用性资产占比高，加之对外部环境不确定性的应对难度大，以及数字化时代的新特征，新一代信息技术在生猪企业日常经营管理、战略决策及产业链供应链高效运作中展现出显著优势，推动了信息化、数字化和网络化的转型。

三是持续提升供应链柔性和韧性。面对外部环境的高度不确定性及其可能带来的风险，规模生猪经营主体除了依托一体化、数字化与网络化之外，往往重视供应链系统的构建、机制的健全与完善，重视供应链系统主体间长期合作伙伴关系的构建与维系，以及供应链系统内部各节点、各主体间的协同。在实现供应链系统自组织高效运行的过程中增强供应链韧性和柔性。

四是持续推进适应和助推全面创新的组织与制度创新。为了适应激烈的市场竞争和应对高度的外部不确定性，规模生猪经营主体必须持续推进技术创新与应用，引领经营主体持续围绕组织战略、引领性技术创新（如数字技术）以及商业模式进行组织变革、制度与文化创新。这些举措的推进为规模生猪经营主体（企业）经营管理水平的持续提升奠定了基础、提供了保障。

（六）助推了政府对生猪产业宏观调控的优化

猪肉一直以来是中国社会最主要的肉食之一，这一国情决定了生猪产业在国计民生中占据的重要地位，也决定了各级政府对其市场供求关系的关注。长期以来，因自身大农业特性、经营主体特征、信息技术发展等多维约束，生猪市场供求波动明显，如何解决生猪市场供求波动对产业高质量发展、国计民生所带来的不利影响，一直是政府宏观调控要解决的现实问题。限于生猪产业链供应链的复杂性、数据分散性及隐秘性，政府宏观调控主要依托储备肉逆周期调节、财政金融政策引导等，但释放这些调节机制效应具有滞后性，覆盖范围也存在限制性，影响了宏观调控成效。

新一代信息技术创新发展并与各领域深度融合,为生猪产业调控机制的健全完善、成效提升创造了条件。

一是构建和拓展生猪产业互联网生态系统,有助于促进新一代信息技术与生猪产业及经营主体的融合,实现生猪产业整体、各产业链环节、核心经营主体和消费市场等维度大数据的形成与积累,为生猪大数据模型与算法效能的发挥提供了数据基础,也为各级政府和相关职能部门精准把握生猪产业发展、活体养殖以及生猪市场供需变化情况,出台相关精准调控政策提供了数据支撑。

二是生猪产业互联网生态系统的构建、拓展,为生猪调控机制的健全完善创造了条件。新一代信息技术深度融合,政府相关职能部门能更好把握生猪能繁母猪、仔猪、育肥猪的存栏情况,特定时期内出栏情况,有助于更好预测未来时期的生猪供应情况,通过政府信息公开引导生猪养殖与市场投放。

三是新一代信息技术的深度融合,在一定程度上加速了生猪经营主体的规模化和组织化,有助于提升其数字化水平,增强经营决策的科学性,为政府生猪产业调控政策效能的发挥提供了支撑。

四是新一代信息技术的深度融合,加速了生猪产业风险规避机制的健全和完善,促进了生猪相关保险和期货市场的发展,有助于协同政府的宏观调控政策,增强生猪产业链供应链的韧性,减少内外部冲击带来的不利影响,依托市场与政府机制共同提升生猪产业调控的效能。

五是新一代信息技术的深度融合,特别是生猪产业互联网生态系统的健全完善,有助于政府相关职能部门依托产业大数据、生猪大数据模型与智能算法对产业内外部环境变化(如自然灾害、生猪系统性疫病、国内国际粮食市场波动、猪粮价格变化)及其影响进行预测,为精准预警、产业政策调整以及风险应对机制完善创造了条件。

自2015年推进"互联网+"战略实施以来,新一代信息技术与生猪产业持续融合,生猪产业数字化、网络化、现代化水平显著提高,有力支撑了政府生猪产业宏观调控机制的健全完善、效能提升。

一是中央政府支持创建了国家生猪交易市场、生猪大数据中心、生猪技术创新中心等国家级平台,并在全国主要生猪养殖、调出大省大县建立了分中心,为生猪产业大数据的收集、积累以及衍生应用创造了平台条件。

二是国家生猪交易市场,在承担了生猪大数据采集、监控职能的同时,还促进了生猪交易价格发现、生猪保险与金融智能的拓展,定期发布的生猪指数、实时交易数据、全国主要市场交易价格等信息有效调节了生猪经营主体养殖与出栏的行为选择。

三是依托生猪产业互联网生态系统的大数据及其衍生应用,国家强化了以能繁母猪存栏量和猪粮价格比为重要指引的生猪及猪肉产能调控机制,并强化了产能调控导向的生猪优势产业集群发展、猪肉冷链物流体系完善、猪肉加工流通体系完善,以及规模猪场全覆盖监测与预警等机制的构建。

四是强化了全产业链监测预警与重要信息发布机制。农业农村部等相关职能部门可以主导建立生猪产业综合信息平台,基于生猪产业互联网生态系统强化生猪产业大数据的采集、分析与预警,健全信息会商和发布机制,定期发布全产业链重要信息数据,为合理引导市场预期创造了条件。

第六章

产业互联网驱动生猪产业化经营模式创新与推广的环境分析与战略选择

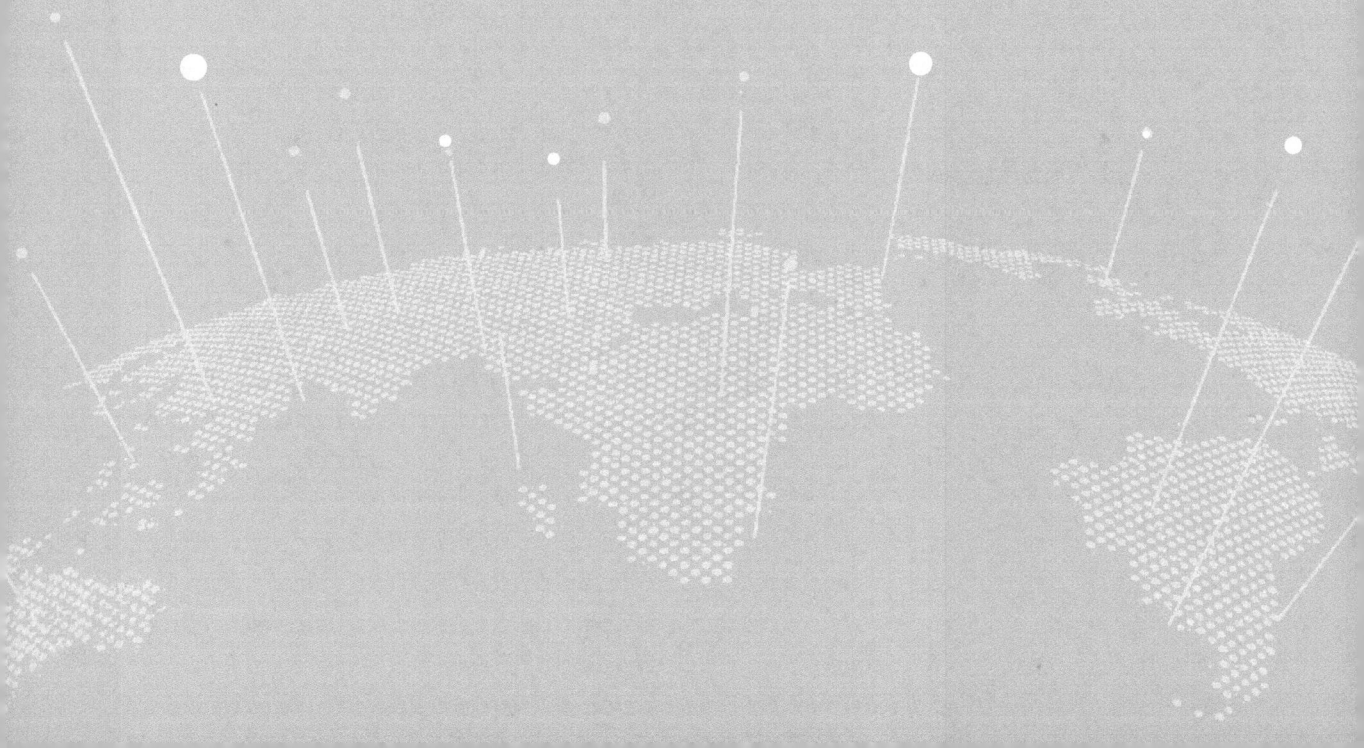

新一代信息技术赋能的生猪产业互联网生态系统与生猪产业深度融合,是一个持续推进的过程。在多方努力下,生猪产业数字化、网络化取得显著成效,也保障和助推了生猪产业的发展,但仍面临多重问题与挑战,需要从战略层面推进"互联网+生猪"战略走向深入。本章将采用SWOT分析法对产业互联网驱动生猪产业化经营模式创新与推广的环境进行分析,并基于战略分析法对产业互联网驱动生猪产业化经营模式创新与推广的战略选择进行探究。

一、产业互联网驱动生猪产业化经营模式创新与推广的环境分析

(一)产业互联网驱动生猪产业化经营模式创新与推广的优势

新一代信息技术的发展与生猪产业的持续融合,有效促进了生猪产业化经营创新,并推动了创新在生猪产业中的应用,为进一步推进创新与推广创造了条件。具体来说,这些条件和优势体现在如下方面。

1.生猪产业互联网生态系统平台架构的搭建与推广

新一代信息技术发展融合生猪产业,催生了生猪产业互联网生态系统创新,形成了生猪数字化解决方案的专业化市场。

一是国家推动、地方政府与企业合作建设的国家级生猪交易市场和生猪大数据中心体系,有力推动了生猪产业互联网生态系统的建设与推广。截至2024年,在国家生猪交易(荣昌)市场、生猪大数据中心示范带动下,建成省级生猪交易市场12个、区市县级区域市场115个,形成"国家级市场+省级区域市场+区市县级区域市场"的三级生猪线上交易市场体系,有力推进了活体生猪互联网生态的构建。

二是催生了一批畜牧(生猪)数字化解决方案的供应商。新一代信息技术创新

发展与推广,为生猪数字化服务市场的发展提供了机会,催生了以农信互联、布瑞克、爱农云联、南商农科、影子科技等为代表的一大批生猪数字化解决方案服务企业,有力支撑了生猪产业互联网生态系统架构的形成。

2. 生猪数字化与网络化转型快速推进

新一代信息技术与生猪产业持续融合,协同互促,推进了生猪产业数字化与网络化转型。

一是养殖自动化与智能化管理系统的创新与应用。目前,在政府政策引导与扶持下,规模养殖主体基本不同程度推进了养殖端的自动化、机械化和智能化,养殖场(企业)运营管理的网络化基本得以普及。

二是生猪产业链供应链管理的数字化转型持续推进。随着供应链管理思想、技术的推广,生猪产业链供应链管理数字化得以稳步推进。目前,规模经营企业特别是生猪上市公司及其下属子公司和合作伙伴基本实现了供应链管理的推进,并将数字技术融入供应链管理。

三是活体生猪、猪肉及其制品交易的数字化持续推进。互联网技术特别是新一代信息技术与生猪产业融合,推动了猪肉及猪肉生鲜制品的线上线下交易,猪肉电子商务得到快速发展。在国家生猪交易市场及各区域交易市场的带动下,活体生猪"线上交易+线下交割"的数字化交易模式得以快速推广。截至2024年,依托国家生猪交易市场的线上交易额达到1300多亿元。

四是生猪政策性保险、供应链金融的数字化得以协同推进。随着移动互联网及各类 App 平台的创新、推广,生猪政策性保险、供应链金融可依托移动互联网完成线上申请、审核和审批,保险可以实现线上赔付申请、审核和赔付,供应链金融可以实现线上偿还,显著降低了交易成本,促进了相关服务数字化、网络化的快速推广。

3. 生猪养殖的规模化、组织化与标准化持续推进

21世纪以来,随着经济社会快速发展、信息技术快速升级演进,生猪产业内外部环境显著变化,传统农户家庭的散养、少数劳动雇佣的小规模养殖已逐步无法适应新形势新变化,规模化、产业化、标准化养殖成为生猪产业发展的基本方向,中国生猪养殖业基本呈现了这一变化趋势。

一是规模化养殖逐步成为生猪产业发展主流。如上一章所述,从中国生猪养殖场(户)的数量变化来看,年出栏1—99头、100—499头、500—2999头的养殖场

（户）在经历了长期增长后，于2015年前后数量出现显著下降。而年出栏3000—9999头、10000—49999头、50000头及以上的养殖场（企业）数量则呈显著增长态势，生猪规模化养殖水平显著提升。

二是生猪经营的产业化、组织化成为主要方向。产业化、组织化经营一直是小规模农业突破市场约束的基本路径，生猪产业化、组织化经营也是政府主推的发展方向。在政府政策引领下，生猪规模化经营企业（养殖场）一方面推进产业链纵向一体化，将饲料研发与生产、种猪养殖与繁育、商品猪养殖与屠宰、加工与销售等产业链环节不同程度纳入企业内部，以增强供应链韧性和降低供应链综合成本；另一方面推进与中小养殖场（户）的联合和合作，将数字技术、先进养殖技术与工艺、饲料、优质仔猪等供给中小养殖场（户），在稳定养殖端的同时集中突破屠宰、加工、市场、物流等端口。

三是生猪养殖的标准化持续推进。在推进产业链供应链数字化、技术与工艺现代化的同时，生猪养殖的标准化也是一个重要的发展方向。为有效降低综合成本、提高生产与交易效率、降低生物安全风险，生猪规模化经营企业普遍推进了全产业链的机械化和自动化，生猪楼房标准化、自动化养殖就是其中一个典型。生猪经营的规模化、组织化与标准化发展为新一代信息技术的融入和融合提供了保障。

（二）产业互联网驱动生猪产业化经营模式创新与推广存在的问题

新一代信息技术与生猪产业持续融合，催生了生猪产业互联网生态系统的形成与发展。在政府、市场、企业、社会协同推进下，数字化引领的生猪产业化经营模式创新与推广得以持续推进，有力促进了生猪产业技术效率提升、生产成本降低、交易效率提升。但由于多重因素，产业互联网驱动生猪产业化经营模式创新与推广仍面临如下问题。

1.生猪产业互联网生态系统仍不健全不完善

生猪产业互联网生态系统是以新一代信息技术为基础，由生猪产业经营主体、生猪数字化技术服务商、政府、消费市场、生态环境等构成的生态系统。该生态系统依托互联网技术、物联网技术、大数据技术和云计算技术等核心技术，对生猪产业链供应链进行数字化重塑，以更好地适应数字技术、消费市场和外部环境的持续演化，促进生猪产业和经营主体的高质量发展。该生态系统随新一代信息技术创新发展、外部环境的持续变迁而不断演化升级。从一定程度上说，生猪产业互联网生态系统不可能绝对健全完备。从目前的情况看,由于新一代信息技术持续升级演化,生猪产业互联网生态系统在结构、功能、运行机制等方面都存在不足。

一是从结构来看,生猪产业互联网生态系统仍主要停留在特定实体互联网平台及其服务所形成的生态中,例如农信互联和布瑞克所提供的生猪产业互联网生态系统。从广义来看,生猪产业互联网生态系统嵌入社会互联网生态系统中,表现为新一代信息技术的广泛采用并与生猪产业链供应链深度融合,生猪产业链供应链高度数字化。生猪产业依托新一代信息技术能更高效、更具柔性地完成繁育、养殖、流通、屠宰、加工和市场供应等全过程。产业社会化服务呈现高度数字化、网络化。产业链供应链能依托新一代信息技术更高效地分析内外部环境变化并积极应对,呈现高效的柔性和韧性。然而,当前生猪产业互联网生态系统的结构仍不完善。

二是从功能来看,现有的互联网生态系统主要集中在养殖端的自动化与智能饲喂、智能供水与清洁、种猪智能监测与选育、猪舍环境与猪只特征监测,以及交易端和部分服务端的网络化,但产业链供应链其他环节的数字化赋能仍不充分。除此之外,这些功能主要聚焦于微观层面,产业数字化赋能的功能显得不足,如生猪产业大数据市场的发展、基于生猪产业大数据的供需预测、外部环境变化预测及其应对等功能发挥仍不充分。

三是从运行机制来看,生猪产业互联网生态系统的建构和发展尚处于初级阶段,生态系统的构建与发展、创新与推广,以及大数据市场形成与运行等方面的政策机制、市场机制和制度体系等都存在不健全之处。从微观来看,生猪产业互联网生态系统赋能的产业链供应链数字化转型及其运行机制仍处在探索当中。

2.生猪经营主体数字化转型与产业数字化转型仍不充分

在多元主体、机制的协同作用下,生猪经营主体特别是规模经营主体(企业)数字化转型持续推进,生猪产业数字化赋能也取得显著成效。但从整体来看,生猪经营主体数字技术采纳及其采纳程度、产业链供应链赋能及其成效仍处于起步阶段。

一是新一代信息技术赋能的生猪经营主体数字化服务市场发育不充分。由于新一代信息技术与产业融合具有较高的资产专用性,市场形成受技术研发与推广、技术采纳与应用、政府扶持与推动等多方因素的影响。截至目前,无论是全国市场还是区域市场,生猪产业数字化技术研发与供给市场发育均不充分,市场主体在研发推广能力、品牌塑造与拓展等维度综合实力整体不足。

二是生猪经营主体的数字素养与数字能力不足。一方面是生猪产业数字化技术市场不完善、可得性不充分等约束了数字化技术认知生态的形成，也进一步约束了生猪经营主体的数字化转型意识形成与提升。另一方面是中国生猪产业经营主体仍以中小规模经营主体为主，这些主体的资源与资本、技术与管理能力整体不足，数字技术存在的数字鸿沟、人力资本与物质资本专业性约束等制约了数字素养的形成与提升，也进一步约束了数字技术的采纳。

三是中国生猪产业数字化转型仍处于低水平发展阶段，主要是因为新一代信息技术赋能的生猪产业互联网生态系统不完善，经营主体的资源、资本约束导致数字技术采用与数字化转型不充分，以及生猪产业链供应链数字化转型体制机制不健全等。

3.数字化引领的生猪产业链供应链运行机制不完善

信息技术的持续创新及其与传统产业的融合，正深刻地重塑着传统行业的运作模式和机制。这种变革的深度和广度，依赖于融合的程度、传统产业对信息技术的采纳程度以及整个产业链供应链数字化转型的深度。新一代信息技术与中国的生猪产业融合时间尚短，融合的广度和深度仍有限，目前仅在一些生猪行业的上市公司中得到了较为充分的应用。这不仅反映了中国生猪产业数字化转型的不完全性，也影响了产业互联网生态系统在赋能生猪产业链供应链数字化转型以及完善其运行机制方面的能力。

一是数字化赋能的生猪产业链有效运行机制不完善。数字化赋能的生猪产业链高效运行一方面依托产业链各端主体的数字化转型，网络化、数字化、平台化等数字生态有助于推动产业链各环节及整体的数字化赋能与升级；另一方面依托产业链网络联结的数字化，交易、监控、预测、合作的数字赋能将有力降低交易成本，提高产业链运行效率和效能。目前，两个方面都不充分，进一步约束了产业链运行机制的完备性。

二是数字化赋能的生猪供应链有效运行机制不完善。数字化是保障、提升供应链运行效率和效能的重要路径。立足生猪、猪肉及猪肉制品的高效市场供应，新一代信息技术有助于实现供应链中市场需求信息、采购信息、生产进度、库存信息、物流信息、市场销售信息等的共享，以更好地协调供应链系统内各主体的决策和行为选择，进一步减少因信息不对称所带来的各种协调问题（如长鞭效应、双重边际效应、曲棍球棒现象问题等）。但目前中国生猪产业经营主体数字化转型不充分，约束了核心企业与合作伙伴间基于新一代信息技术的合作机制的完备性,也制约了供应链运行模式和运行机制的数字化,进而制约了效率和效能的提升。

4.生猪产业化经营主体产业化与数字化引领能力不充分

新一代信息技术赋能的生猪产业互联网生态系统构建、普及及效能的释放,离不开核心企业的引领与带动。在产业化经营创新与推广过程中,需要充分发挥供应链核心企业、产业龙头企业的引领作用。虽然各级政府持续强调、推进龙头企业的培育成长,鼓励龙头企业与产业链其他主体建立紧密的合作与联合机制,希望通过产业链的联合与合作引入新生产要素、改造产业链、提升产业链效率,更好地实现供应端、养殖端、流通端、屠宰加工端、市场端的有效衔接。但受制于多方面因素,中国生猪产业经营主体的综合竞争力特别是国际竞争力仍不强。

一是基于现代生物技术和信息技术的生猪品种改良与繁育端,以企业为主体的研发实体在综合竞争力、科技创新与数字赋能能力方面存在不足。

二是种猪、仔猪、商品猪养殖端以及饲料、兽药、养殖类龙头企业在一体化、原创科技创新、数字赋能与模式创新等方面发展不充分,对产业整体及其他产业链企业的引领带动能力不足。

三是生猪流通、屠宰加工、电子商务等环节,龙头企业及社会化服务支撑体系在网络完备性、技术与工艺创新、新一代信息技术应用等方面的发展不够充分,仅有少数的上市公司推进了全产业链的一体化与数字化转型。

(三)产业互联网驱动生猪产业化经营模式创新与推广的机遇

依托新质生产力促进畜牧业(生猪)产业高质量发展,是国家立足新发展阶段、新发展理念做出的战略选择,也为生猪产业互联网生态系统发育成长及其赋能生猪产业化经营创新与推广指明了方向。

1.新一代信息技术创新发展及其与社会各领域深度融合

作为新质生产力的重要组成部分,新一代信息技术创新发展,为社会各领域的转型升级提供了驱动,也将传统产业卷入数字化、网络化、平台化的转型浪潮。生猪产业作为畜牧业的重要组成部分,也必须适应、积极响应新一代信息技术带来的深入转型。以互联网、物联网、大数据、云计算、人工智能、区块链等新技术为代表的新一代信息技术,是各国争夺的重要战略制高点。自2015年以来,中国持续推进"互联网+"战略,将"数字中国"作为现代化强国建设的重要组成部分,在现代化产业体系建设中重点突出了战略性新兴产业的发展,同时也强调传统产业的数字化转型升级。党的十八大、十九大、二十大、二十届三中全会报告都强调要持续推进新一代信息技术产业化,以及社会各行业的数字化。同时,国家出台了《数字中国建设整体布局规划》《关于构建数据基础制度更好发挥数据要素作用的意见》《数字乡村建设指南》《加快数字人才培育支撑数字经济发展行动方案(2024—2026年)》,为数字产业发展和产业数字化转型指明了方向。据新华社2024年12月23日报道,截至2024年11月30日,我国数字经济核心产业企业总量超过457万家,较2023年增长17.99%。其中数字技术应用业企业216.69万家,数字要素驱动业企业196.25万家,数字产品服务业企业23.63万家,数字产品制造业企业20.82万家。国家统计局2024年12月31日发布数据显示,从数字经济核心产业增加值来看,2023年我国数字经济核心产业增加值达到12.76万亿元,占GDP的比重为9.9%。其中数字产品制造业增加值为4.31万亿元,数字产品服务业增加值为0.40万亿元,数字技术应用业增加值为5.56万亿元,数字要素驱动业增加值为2.47万亿元,分别占总量的33.8%、3.2%、43.6%、19.4%。新一代信息技术产业化与产业数字化的持续推进,为生猪产业互联网生态系统的形成与功能拓展、服务规模与能效的提升提供了技术支撑,也为生猪产业数字应用场景的创新与推广提供了保障。

2.各级政府大力支持生猪产业数字化转型和高质量发展

作为经济社会高质量发展的核心驱动力、核心新质生产力之一,新一代信息技术产业化发展与产业数字化转型发展得到各级政府的高度重视。

一是围绕数字产业发展和产业数字化转型升级,从税收、财政补贴、金融、土地、人力资本培育、工业互联网生态培育、大数据市场培育与大数据交易等维度出台了系列扶持政策。一方面,促进了数字技术的产业化应用。到2024年年末,数字产品服务业和数字产业制造业企业达到44.45万家,产业增加值占GDP的比重达到3.564%,占数字经济核心产业增加值的比重达36%;另一方面,促进了产业的数字化转型升级。到2024年年末,数字技术应用业和数字要素驱动业的增加值达8.0383万亿元,核心企业达412.94万家,产业增加值占GDP的比重达到6.426%。

二是围绕畜牧业、生猪以及农业农村高质量发展,特别是数字化转型,出台了一系列政策。国务院及其各部委先后出台了30余份正式通知、意见、公告、制度和条例,各地方政府也根据地方实际情况出台了相应的地方政策,为畜牧业、生猪、农业农村数字化转型升级以及高质量发展提供了政策支持。国务院及其各部委的相关文件见表6-1。

表6-1 国务院及各部委出台的数字化及生猪产业高质量发展相关文件

序号	文件名称	发文机关	发文时间
1	《关于加快畜牧业发展的意见》	国务院办公厅 农业部	2001
2	《国务院关于促进畜牧业持续健康发展的意见》	国务院	2007
3	《国务院关于促进生猪生产发展稳定市场供应的意见》	国务院	2007
4	《国务院办公厅关于进一步扶持生猪生产稳定市场供应的通知》	国务院办公厅	2007
5	《生猪屠宰管理条例》(2008年修订)	国务院	2008
6	《国务院办公厅关于促进生猪生产平稳健康持续发展防止市场供应和价格大幅波动的通知》	国务院办公厅	2011
7	《国务院关于积极推进"互联网+"行动的指导意见》	国务院	2015
8	《农业部关于印发〈全国生猪生产发展规划(2016—2020年)〉的通知》	农业部	2016
9	《国务院办公厅关于深入实施"互联网+流通"行动计划的意见》	国务院办公厅	2016
10	《农业农村部办公厅交通运输部办公厅公安部办公厅关于切实加强生猪调运监管工作的通知》	农业农村部办公厅 交通运输部办公厅 公安部办公厅	2018
11	《农业农村部办公厅关于印发〈打击生猪屠宰领域违法行为做好非洲猪瘟防控专项行动方案〉的通知》	农业农村部办公厅	2018
12	《农业农村部关于规范生猪及生猪产品调运活动的通知》	农业农村部办公厅	2018
13	《农业农村部办公厅关于深入推进生猪屠宰标准化创建工作的通知》	农业农村部办公厅	2018
14	《2018年生猪屠宰监管"扫雷行动"实施方案》	农业农村部办公厅	2018
15	《农业农村部办公厅关于防治非洲猪瘟加强生猪移动监管的通知》	农业农村部办公厅	2018

续表

序号	文件名称	发文机关	发文时间
16	《关于〈生猪定点屠宰厂(场)资质等级要求〉等65项国内贸易行业标准调整为农业行业标准的公告》	农业农村部 商务部	2018
17	《农业农村部关于印发〈生猪等畜禽屠宰统计调查制度(2018—2021年)〉的通知》	农业农村部	2018
18	《农业农村部办公厅关于抓好生猪生产发展稳定市场供给的通知》	农业农村部办公厅	2018
19	《农业农村部等15部门关于促进农产品精深加工高质量发展若干政策措施的通知》	农业农村部等15部门	2018
20	《农业农村部关于印发〈生猪产地检疫规程〉和〈生猪屠宰检疫规程〉的通知》	农业农村部	2018
21	《国务院办公厅关于稳定生猪生产促进转型升级的意见》	国务院办公厅	2019
22	《农业农村部关于印发〈生猪产地检疫规程〉〈生猪屠宰检疫规程〉和〈跨省调运乳用种用动物产地检疫规程〉的通知》	农业农村部	2019
23	《农业农村部关于稳定生猪生产保障市场供给的意见》	农业农村部	2019
24	《自然资源部办公厅关于保障生猪养殖用地有关问题的通知》	自然资源部办公厅	2019
25	《中国银保监会办公厅 农业农村部办公厅关于支持做好稳定生猪生产保障市场供应有关工作的通知》	中国银保监会办公厅 农业农村部办公厅	2019
26	《农业农村部关于印发〈加快生猪生产恢复发展三年行动方案〉的通知》	农业农村部	2019
27	《国务院办公厅关于促进畜牧业高质量发展的意见》	国务院办公厅	2020
28	《国家发展改革委 农业农村部关于支持民营企业发展生猪生产及相关产业的实施意见》	国家发展改革委 农业农村部	2020
29	《农业农村部办公厅 财政部办公厅 中国银保监会办公厅关于进一步加大支持力度促进生猪稳产保供的通知》	农业农村部办公厅 财政部办公厅 中国银保监会办公厅	2020

续表

序号	文件名称	发文机关	发文时间
30	《农业农村部办公厅关于强化生猪收购贩运管理的通知》	农业农村部办公厅	2020
31	《农业农村部办公厅关于开展"互联网+"农产品出村进城工程试点工作的通知》	农业农村部办公厅	2020
32	《工业和信息化部办公厅关于推动工业互联网加快发展的通知》	工业和信息化部办公厅	2020
33	《工业和信息化部办公厅关于印发〈中小企业数字化赋能专项行动方案〉的通知》	工业和信息化部办公厅	2020
34	《关于印发〈工业互联网创新发展行动计划（2021—2023年）〉的通知》	工业和信息化部	2020
35	《农业农村部关于拓展农业多种功能 促进乡村产业高质量发展的指导意见》	农业农村部	2021
36	《生猪屠宰管理条例》（2021年修订）	国务院	2021
37	《农业农村部 国家发展改革委 财政部 生态环境部 商务部 银保监会关于促进生猪产业持续健康发展的意见》	农业农村部 国家发展改革委 财政部 生态环境部 商务部 银保监会	2021
38	《农业农村部印发〈生猪产能调控实施方案（暂行）〉》	农业农村部	2021
39	《关于印发中小企业数字化转型指南的通知》	工业和信息化部办公厅	2022
40	《农业农村部办公厅关于做好〈生猪屠宰质量管理规范〉实施工作的通知》	农业农村部办公厅	2023
41	《关于做好2024年中小企业数字化转型城市试点工作的通知》	财政部办公厅 工业和信息化部办公厅	2024
42	《商务部关于印发〈数字商务三年行动计划（2024—2026年）〉的通知》	商务部	2024
43	《关于印发〈数字化绿色化协同转型发展实施指南〉的通知》	中央网信办秘书局等10部门	2024
44	《国务院关于印发〈推动大规模设备更新和消费品以旧换新行动方案〉的通知》	国务院	2024
45	《关于节能节水、环境保护、安全生产专用设备数字化智能化改造企业所得税政策的公告》	财政部 税务总局	2024

序号	文件名称	发文机关	发文时间
46	《工业和信息化部 财政部 中国人民银行 金融监管总局关于发布〈中小企业数字化赋能专项行动方案（2025—2027年）〉的通知》	工业和信息化部 财政部 中国人民银行 金融监管总局	2024
47	《农业农村部关于印发〈生猪产能调控实施方案（2024年修订）〉的通知》	农业农村部	2024

资料来源：中国政府网。

3.全社会数字化生态加速形成

生猪产业互联网生态系统是数字化生态的重要组成部分，嵌入全社会数字化生态系统中，二者是相互促进的关系。全社会数字生态系统的规模拓展、功能完善与提升、机制健全，为生猪产业互联网生态系统的形成与发展提供了数字生态与文化支撑、数字技术及生猪产业数字化技术支撑、产品与要素市场数字化发展支撑，以及生猪经营企业特别是规模经营企业的数字意识与数字认知支撑。自2015年推动"互联网+"战略以来，中国社会各领域网络化、数字化深度渗透，互联网、移动互联网得到快速普及、应用。如表6-2所示，2023年中国互联网上网人数达到10.92亿人，城市宽带接入用户4.4亿户，农村宽带接入用户近1.92亿户，移动互联网用户15.24亿户，移动互联网接入流量3025.39亿GB，电话普及率接近每百人136部，移动电话普及率接近每百人124部。互联网普及率达到77.5%，宽带接入用户数年均增长率超两位数。由表6-3可知，2013—2023年中国电子商务快速发展，2023年，约14%的企业参与了电子商务交易活动，销售额达到36.38万亿元，采购额达到18.63万亿元，快递量达到1320.75亿件，快递业收入达到1.21万亿元。各指标2013—2023年年均增长率都超过两位数，其中快递量、快递业务收入年均增长率更是超过20%。基于宽带网络和移动互联网的电子支付、网上消费与网上服务成为社会大众主要的结算方式和消费方式。互联网、数字经济生态的建构与拓展为数字中国战略的实现奠定了坚实基础，也为生猪产业互联网生态系统的建构与拓展以及赋能生猪产业化经营创新与拓展提供了条件。

表6-2　2013—2023年全国互联网发展状况

时间	互联网上网人数/万人	城市宽带接入用户/万户	农村宽带接入用户/万户	移动互联网用户/万户	移动互联网接入流量/万GB	电话普及率（包括移动电话)/（部/百人）	移动电话普及率/(部/百人)	互联网普及率/%
2013	61758	14153.61	4737.27	—	—	109.95	90.33	45.8
2014	64875	15174.63	4873.71	87522.13	206193.55	112.26	94.03	47.9
2015	68826	19547.16	6398.37	96447.16	418753.31	109.3	92.49	50.3
2016	73125	22266.62	7454.03	109395.02	937863.5	110.55	95.6	53.2
2017	77198	25476.71	9377.3	127153.74	2459380.26	115.91	101.97	55.8
2018	82851	28996.48	11741.67	127481.54	7090039.28	126	112.23	59.6
2019	90359	31450.53	13477.33	131852.58	12199200.64	128.02	114.38	64.5
2020	98899	34165.3	14189.65	134851.92	16556817.24	125.8	112.91	70.4
2021	103195	37808.18	15770.48	141564.9	22163224.26	129.09	116.3	73.0
2022	106744	41332.61	17632.23	145385.09	26175867.09	131.95	119.25	75.6
2023	109225	44441.4	19189.2	152439.8	30253953.8	135.98	123.69	77.5
2013—2023年平均增长率	5.87%	12.12%	15.01%	6.36%	7.41%	2.15%	3.19%	5.40%

数据来源：国家统计局网站，平均增长率指标为自行计算得到。移动互联网用户、接入流量的年平均增长率计算期间为2014—2023年。

表6-3　2013—2023年全国电子商务发展及快递业发展状况

时间	有电子商务交易活动的企业数比重/%	电子商务采购额/亿元	电子商务销售额/亿元	快递量/万件	快递业务收入/万元
2013	5.2	34662.9	56683.6	918674.89	14416815.26
2014	7.2	48681.6	79657.9	1395925.3	20453586.23
2015	9.6	53499.1	91724.2	2066636.84	27696465.85
2016	10.9	63347.2	107321.8	3128315.11	39743601.32
2017	9.5	74365.1	130480.7	4005591.91	49571088.76
2018	10	85597.8	152424.5	5071042.8	60384253.78

续表

时间	有电子商务交易活动的企业数比重/%	电子商务采购额/亿元	电子商务销售额/亿元	快递量/万件	快递业务收入/万元
2019	10.5	101275.1	169325.9	6352290.97	74978235.19
2020	11.1	109133.4	189334.7	8335789.43	87954342.35
2021	11.2	125987.2	227611.3	10829641.32	103323162.00
2022	10.4	149228.3	302219.5	11058122.01	105667264.60
2023	13.7	186368.8	363802.1	13207461.03	120742722.00
2013—2023年平均增长率	10.17%	18.32%	20.43%	30.55%	23.68%

数据来源:国家统计局网站,平均增长率指标为自行计算得到。

4.数字乡村建设与乡村全面振兴战略的持续推进

从地理区位选择来看,作为农业特别是畜牧业重要组成部分的生猪产业,其养殖端区位一般选择于乡村地区或者城镇远郊地区。之所以如此安排,主要考虑的是生猪养殖端对土地的必然需求,以及对于猪粪尿、处理后废水等废弃物的资源化利用需要匹配相应的种植业。从降低成本、提高效率的角度出发,就需要将生猪养殖区域选择靠近规模种植基地或者连片种植区域。从这个维度出发,就和乡村全面振兴、数字乡村建设产生了紧密联系。

一是生猪产业特别是养殖端作为乡村重要的产业组成部分,是乡村产业振兴的重要方向。推进生猪产业高质量发展有助于推进乡村产业振兴,也有助于促进乡村振兴其他维度要求的实现。

二是生猪产业的数字化发展,有助于提高产业发展效率、降低成本,也有助于增加就业、促进农民增收。依托数字化,可以促进猪粪、尿、废水等的减量化、资源化再利用,实现产业发展与生态振兴的协同。

三是数字乡村建设旨在推进乡村的全域系统数字化,即涉及乡村产业数字化、社会治理数字化、人员和组织数字化以及基础设施的数字化。数字乡村建设的全面推进有助于促进乡村数字生态的形成与提升,通过基础设施、人力资本、数字意识与数字能力的提升,提高乡村的数字化水平,进而为生猪产业的数字化创造良好的数字生态条件。

四是乡村全面振兴的推进为数字乡村建设,特别是生猪产业的高质量发展提供了契机和条件。政策、资金、人才、土地、科技、管理等要素的优先优化配置在促进乡村振兴的同时,也为生猪产业的数字化和网络化转型奠定了基础。

(四)产业互联网驱动生猪产业化经营模式创新与推广的挑战

1.新一代信息技术创新发展及其强资产专用性的挑战

生猪产业互联网生态系统依托互联网、物联网、大数据、云计算、人工智能等新一代信息技术,其创新演进会持续提升其资产专用性。新一代信息技术本身具有动态性,也必然持续提升其技术专用性,对于技术、系统使用主体来说需要不断提升技术适应和应用能力。在生猪产业互联网生态系统形成及功能拓展的过程中,面临的现实问题是:"生猪经营主体是否愿意以及能否采纳相应的信息技术?""能采纳哪些信息技术?""以什么样的方式融入或者嵌入互联网生态系统?"这些问题一是取决于新一代信息技术整体或某一项技术的复杂程度和价格,生猪产业互联网生态系统的持续创新会受到新一代信息技术的资产专用性和经济可行性的制约;二是取决于特定技术水平下生猪产业互联网生态系统推广和应用的技术难度和经济难度,技术难度和经济难度越高,生猪经营主体的技术采纳及其深度就会受到越大的抑制;三是取决于生猪产业互联网生态系统及其相应技术服务的可得性,可得性越高,生猪经营主体越可能主动响应或卷入数字生态。可得性本身又取决于互联网生态系统及其依托的信息技术服务的社会化分工,互联网生态系统及其技术本身的社会化分工最终又受其资产专用性及其决定的交易成本高低的影响。

2.规模化养殖与产业化经营所面临的突出的环境治理压力

进入高质量发展阶段,经济社会发展必须系统全面贯彻新发展理念,持续推进绿色低碳发展,在处理好与自然环境之间的关系的同时,满足社会对良好生态环境、安全健康消费的诉求。生猪养殖本身与环境保护具有一定的冲突性,特别是规模化养殖体现得更为明显。如果不能处理好生猪养殖特别是规模化养殖所带来的猪粪尿及其他废弃物,就会对周边的空气、水、土地等造成破坏。为保护生态,各级政府出台了生猪养殖废弃物处置的相关政策,要求养殖主体必须匹配相适应的种植业及种植规模,以依托种养循环消解猪粪尿等废弃物;同时在条件满足的情况下,鼓励推进废弃物的减量化、资源化再利用与再循环。在现实中,养殖规模越大,产生的废弃物就越多,因此需要更大规模的种植业来匹配。然而,在当前的国情下,种植业规模经营面临着土地连片流转难、资产专用性强、风险高以及种粮政策刚性等约束,这些因素会限制生猪养殖的规模化发展。这与生猪产业互联网生态系统的融入存在显著冲突。除此之外,在推进粪尿干湿分离基础上的肥料化或者沼气化利用都涉及技术、资金投入,这在一定程度上则需要突破技术、资金、土地、市场等的约束。

3.规模化养殖与产业化经营面临多维风险

新一代信息技术赋能的生猪产业互联网生态系统的形成和拓展,无论从单项信息技术采纳到多项技术采纳,还是从系统局部融入到深度应用,生猪经营主体都面临技术、资金、人才等非技术壁垒。而这些壁垒的突破除依赖于政府财政、金融等支持外,在很大程度上还需要依托经营主体自身的资源和资本能力。从产业化发展角度,规模化、组织化经营是突破资源、资本约束的基本路径。但从生猪产业而言,推进规模化、组织化经营除了需要破解环境污染治理的问题外,还需要应对规模化和组织化经营所伴生的风险。

一是市场波动风险。虽然互联网生态系统的深度融合有助于降低生猪市场供求波动的发生概率,减少其可能带来的不利影响,但其效应释放存在门槛效应,需要依托互联网生态系统本身与生猪产业深度融合、经营主体深度融入互联网生态系统。市场风险本身会影响生猪经营主体的生存与规模化发展,以及互联网生态系统的融入。

二是疫病风险。生猪经营特别是养殖端深受自然环境的影响,自然环境影响中比较突出的就是疫病风险。虽然通过标准化、规范化、机械化的提升有助于减少疫病风险,通过新一代信息技术的深度应用有助于提早预警疫病并及时应对。但在资金、技术、人力等现实约束下,除少数头部企业可充分实现标准化、规范化、机械化和数字化外,绝大多数企业仍面临规模经营与疫病风险的冲突局面。

三是产业链供应链的风险。生猪规模经营的实现、效率的提升有赖于产业链供应链的稳定和高效运行。但从现实来看,中国生猪产业整体集中度不高,产业链供应链的联结往往由于各端点经营主体间综合实力对比差异,合作与联合的稳定性、紧密性不足,无形中增加了产业链供应链风险。

4.消费者肉类消费升级对其他肉类产业发展带来的冲击

"中国特色社会主义进入新时代,我国社会主要矛盾已经转化为人民日益增长的美好生活需要和不平衡不充分的发展之间的矛盾。"从社会大众消费来看,矛盾体现为社会大众消费偏好的个性化、高品质化、健康化、安全化、便利化等消费需求升级与现实供需不均衡的矛盾。从肉类消费来看，随着社会收入水平提高，消费者对肉类消费在种类、品质、健康、安全等方面的需求日益凸显，对以生猪为主的肉类产品产业链供应链提出了更高要求。除此之外，消费者对于肉类产品的选择更加多元化，偏好也在发生显著变化。中等收入、高收入阶层不再仅满足于肉食的需要，而更加关注肉食的营养价值，牛肉、羊肉、水产等肉制品的消费显著增加。消费结构的变化在促进牛、羊、水产等产业发展的同时，也对生猪产业造成了一定的冲击。如何实现生猪产业高质量发展，同时有效应对消费升级、产业结构调整带来的冲击，不仅是生猪产业特别是经营主体必须解决的现实问题，也是生猪产业互联网生态系统的演化融合并赋能产业化经营模式创新与推广所必须面对的挑战。

二、产业互联网驱动生猪产业化经营模式创新与推广的战略选择

新一代信息技术赋能产业互联网生态系统创新，为生猪产业化经营模式创新与推广提供了技术支撑，有助于诱导或倒逼产业经营主体创新产业化经营模式，以更好地适应数字技术深度融合创新带来的影响和冲击。从目前来看，面对生猪产业互联网生态系统的创新发展、功能完善与市场拓展，生猪产业化经营模式创新与推广虽具有一定的优势和机遇，但仍面临多重问题与挑战。要协同推进产业互联网生态系统创新发展与生猪产业化经营创新推广，需要从战略层面进行系统建构。

(一)产业互联网驱动生猪产业化经营模式创新与推广战略选择的原则

1.系统性原则

立足生猪产业互联网生态系统创新发展并逐步融入生猪产业链供应链这一背景，推进生猪产业化经营模式创新与推广需要建立系统思维，将生猪产业互联网生态系统创新发展与生猪产业化经营模式创新推广置于统一的系统中，统筹系统内各主要子系统的关系。在生猪产业互联网生态系统融入和赋能的条件下，生猪产业化经营创新涉及主体、模式、机制和技术等多个方面的创新，这些创新之间相互联系。除此之外，实现这些创新需要充分考虑系统内外部主体(如生猪产业经营主体、政府、技术创新及推广主体等)及其相互关联主体的行为选择，以及内外部环境(政策与制度、经济、社会、科技、自然等)及其对主体行为的影响。需要从有利于经营主体采纳新一代信息技术、融入互联网生态系统以促进生猪产业高质量发展

的导向出发创造良好的内外部条件,激励生猪产业经营主体采纳信息技术、融入生猪产业互联网生态,推进生猪产业专业化分工、主体间的合作与联合。依托新一代信息技术推进生猪产业链供应链创新,提高生猪产业高质量发展能力。

2.动态性原则

依托生猪产业互联网生态系统推进生猪产业化经营模式创新与推广,需要树立动态思维,坚持从内外部环境动态演变的视角思考产业化经营创新与推广。一是充分考虑新一代信息技术的创新发展及其对生猪产业互联网生态系统的创新和推广的动态性影响。技术及系统的动态演化会形成不同的技术环境和系统环境。二是充分考虑系统内外部其他环境的动态变化,特别是政策与制度、生猪市场需求、消费者偏好以及产业经营特征等,及其相互作用对产业化经营创新及推广的影响。三是要充分考虑生猪产业链供应链主体及其特征变化,以这些变化为基础,思考生猪产业互联网生态的创新发展和应用。

3.渐进性原则

推进生猪产业化经营模式创新与推广是一个系统工程,需要在系统谋划的基础上逐步推进,不可能一蹴而就。一是要循序渐进地推进生猪产业互联网生态系统的建设、提升和推广。二是要循序渐进地推进生猪产业经营的规模化和标准化。在推进规模化和标准化的过程中,一方面要持续推进生猪产业的专业化分工和服务社会化;另一方要是持续推进生猪经营主体间的合作与协同,提升生猪产业的组织化水平。三是在推进生猪产业化经营的过程中,协同应用信息技术和互联网生态系统,实现新一代信息技术和互联网生态系统与生猪产业化经营的协同互促,依托产业化创新与推广,促进新一代信息技术和互联网生态系统的融合与拓展。依托新一代信息技术、互联网生态系统促进产业链供应链创新发展。

4.协同性原则

立足互联网生态系统推进生猪产业化经营模式创新与推广,最终实现生猪产业高质量发展,是一项复杂性、系统性很强的战略任务。要保证这项战略任务的实现,需要在系统思维的基础上树立协同思维。一是要用系统的思维引领系统内各要素的协同,生猪产业化经营模式创新与推广需要协同推进生猪产业互联网生态系统的创新发展与生猪产业数字化转型;二是用系统的思维推进系统各要素、各子系统的协同,实现系统本身与外部环境间的协同互促;三是在持续推进专业化分工的基础上,实现产业链主体的合作与联合,实现生猪产业化与信息化的协同;四是要协同推进生猪产业链供应链数字化创新发展与自然环境保护的协同,以实现生猪产业的绿色低碳可持续发展。

(二)产业互联网驱动生猪产业化经营模式创新与推广的战略目标

1.猪肉及猪肉制品供需动态均衡

猪肉及猪肉制品是中国社会最主要的肉类消费品之一。立足底线思维,保证粮食安全和重要农产品的有效供给是农业高质量发展的根本前提。从这个角度出发,立足新一代信息技术推进生猪产业互联网生态系统的创新发展,依托产业互联网生态系统融合促进生猪产业化、数字化创新发展,都需要紧紧围绕确保猪肉及猪肉制品的有效供给、满足社会对高品质肉制品的需求这一战略目标展开。

2.生猪全产业链数字化与高质量发展

农业产业化发展是中国农业突破以家庭经营为主的小规模经营、实现规模经济的基本方略。推进农业产业化发展,主要依托在专业化分工基础上的经营主体的合作与联合。一方面,依托扩大经营规模,以实现规模经济;另一方面,依托在专业化分工基础上的产业链分工与合作,实现分工经济。要破解长期以来以家庭养殖为主的散养和小规模养殖所带来的规模不经济、技术效率低、风险抵御能力弱、市场竞争力弱等现实问题,依托规模化、专业分工与合作实现规模经营成为基本路径。在新一代信息技术赋能生猪产业互联网生态系统以促进融合发展的背景下,生猪产业化经营模式创新与推广的落脚点在于:依托新一代信息技术,全面改造生猪产业链供应链。一是提高生猪全产业的数字化水平,二是依托数字化全面提升生猪产业的高质量发展能力。

3.生猪产业供应链数字化与柔性韧性提升

长期以来生猪产业化发展一方面通过养殖户(场)、生猪养殖合作社、企业等经营主体的合作和联合,解决市场、技术、管理、资本等能力不足问题;另一方面立足产业链各端口的发展与合作,在提高产业链各端口发展能力的同时,提高产业链整体的综合实力和价值增值能力。但受限于信息不对称、基础设施不完备,产业链及其主体间的合作协调机制不完善、对市场供需变化响应不充分、供应链柔性与韧性不足等现实问题。依托生猪产业互联网生态系统,推进生猪产业化创新与推广,一个很重要的战略目标应该是依托新一代信息技术的融合创新,破解传统产业化经营所面临的产业链供应链柔性与韧性不足的突出问题。

4.生猪产业专业化分工深化与产业化合作、联合稳定性提升

产业化经营立足产业链,以市场供需为导向,旨在依托产业链内部、产业链各端口间的合作与联合,以及产业链各端口及产业链整体能力的提升,实现产业链高质量发展,并适应市场供需变化。传统的生猪产业化经营重点强调产业链主体间的联合与合作,但对产业链内部、产业链各端口间的专业化分工,以及在此基础上的合作深化关注不足。与此同时,受限于技术、市场需求规模、基础设施等影响交易效率的因素,专业化分工发展不充分。在新一代信息技术创新发展与融合,以及生猪产业互联网生态系统的推动下,生猪产业化创新与推广一个很重要的战略目标就是要依托新一代信息技术,在提高交易效率、降低综合成本的基础上,促进生猪产业链专业化分工、社会化服务深化,提升产业链联合与合作的稳定性。

5.生猪产业规模经济发展与抗风险能力提升

长期以来,受制于生猪养殖的周期性与成长不可逆性、产业链供应端的自然风险性、产业链供应链信息的不对称性及其决策的柔性不足等现实问题,生猪产业发展长期面临市场供需波动、多维风险共存,严重制约了生猪产业的稳定健康发展。新一代信息技术及其赋能的生猪产业互联网生态系统,有助于促进信息的高效传递,降低信息传递和协调成本,也有助于依托管理信息系统实现产业链供应链数字化,转变传统的生猪产业化经营模式,进而降低生猪产业发展风险。因而,深入推进新一代信息技术与生猪产业融合,促进生猪产业互联网生态系统赋能生猪产业高质量发展,其战略目标是提高产业链供应链数字化水平、柔性和韧性,同时显著提高风险抵御能力。

(三)产业互联网驱动生猪产业化经营模式创新与推广的具体战略

立足新一代信息技术赋能的生猪产业互联网生态系统,促进生猪产业化经营模式创新与推广,需要基于生猪产业高质量发展战略目标,从战略维度推进系统集成。

1.生猪产业互联网生态系统创新与发展战略

在新一代信息技术与社会各领域深度融合的背景下,依托互联网生态系统促进生猪产业化经营模式的创新与推广,基本前提是围绕新一代信息技术的创新发展和生猪产业高质量发展的需求,推进匹配生猪产业特征、适应生猪产业高质量发展需要的生猪产业链信息技术和信息平台的应用升级,并推进生猪产业链运营模

式的信息化改造升级。要实现这一目标,需要在全国范围内推进生猪产业互联网生态系统的创新发展战略。在持续推进新一代信息技术创新发展的过程中,依托生猪产业数字化解决方案、数字化产业技术研发,以及服务供应商的培育与成长,全面推进生猪产业互联网生态系统的创新与推广应用。

2.生猪产业经营主体互联网生态系统融入与融合促进战略

在新一代信息技术与社会各领域深度融合的背景下,推进生猪产业化经营模式创新与推广,一个重要基础和保障是利用新一代信息技术对产业链供应链进行改造,同时协同推进生猪产业经营主体与新一代信息技术的融合,对经营的全过程进行流程再造、模式创新,提升生猪产业经营主体的新一代信息技术接纳与应用能力。而要促进生猪产业经营主体融入产业互联网生态系统,提升其新一代信息技术素养,必须推进生猪产业经营主体数字化转型与发展战略,持续促进生猪产业经营主体与互联网生态系统的融合,实现双方的协同互促。

3.生猪产业经营主体规模化与一体化经营持续推进战略

随着内外部环境发展变化,生猪产业经营主体规模化、组织化发展取得显著成效。但规模化、组织化、社会化程度距离高质量发展的要求仍有较大差距。养殖场(户)仍以中小规模为主,大规模、超大规模经营主体在数量、综合竞争力上发展仍不充分,制约了生猪产业化、专业化与社会化发展,在很大程度上也约束了新一代信息技术的采纳以及生猪产业互联网生态系统的融入与融合。从推进生猪产业规模化、组织化、专业化和社会发展的角度,以及促进新一代信息技术的融入与融合的角度来看,都必须持续推进生猪产业经营的规模化与一体化战略。

4.生猪产业风险协同治理创新战略

生猪产业化发展面临市场供需波动、自然环境不确定性、疫病系统性、政策稳定性等多重风险,显著影响了生猪经营企业的生存与可持续发展,也约束了以提升产能、提高竞争力等为导向的技术采纳与技术升级,以及基础设施建设与改造。为应对生猪产业的多维风险,除了立足新一代信息技术及其赋能的生猪产业互联网生态系统,采取深度融合策略,不断提升经营主体和产业体系自身的风险预警与抵御能力外,还须从完善风险治理体系的角度推进生猪产业风险协同治理的创新战略。构建基于技术、产业体系、政策、保险、期货等的产业风险治理体系至关重要。

5.消费升级引领的产业链供应链系统创新战略

党的十九大报告指出,"中国特色社会主义进入新时代,我国社会主要矛盾已经转化为人民日益增长的美好生活需要和不平衡不充分的发展之间的矛盾。"社会消费呈现出新特征,在品质、健康、安全、种类、时效等维度呈现全面升级态势。为满足社会消费及其升级需要,生猪产业需要立足新一代信息技术、互联网生态系统,持续推进产业链供应链创新战略。依托生猪经营主体横向联合与合作深化、供应链管理体系与模式创新、养殖与交易技术创新、电子商业模式创新等多维创新,以满足消费市场升级的需求。

第七章

产业互联网驱动的生猪产业化经营模式创新与推广持续推进的条件创造

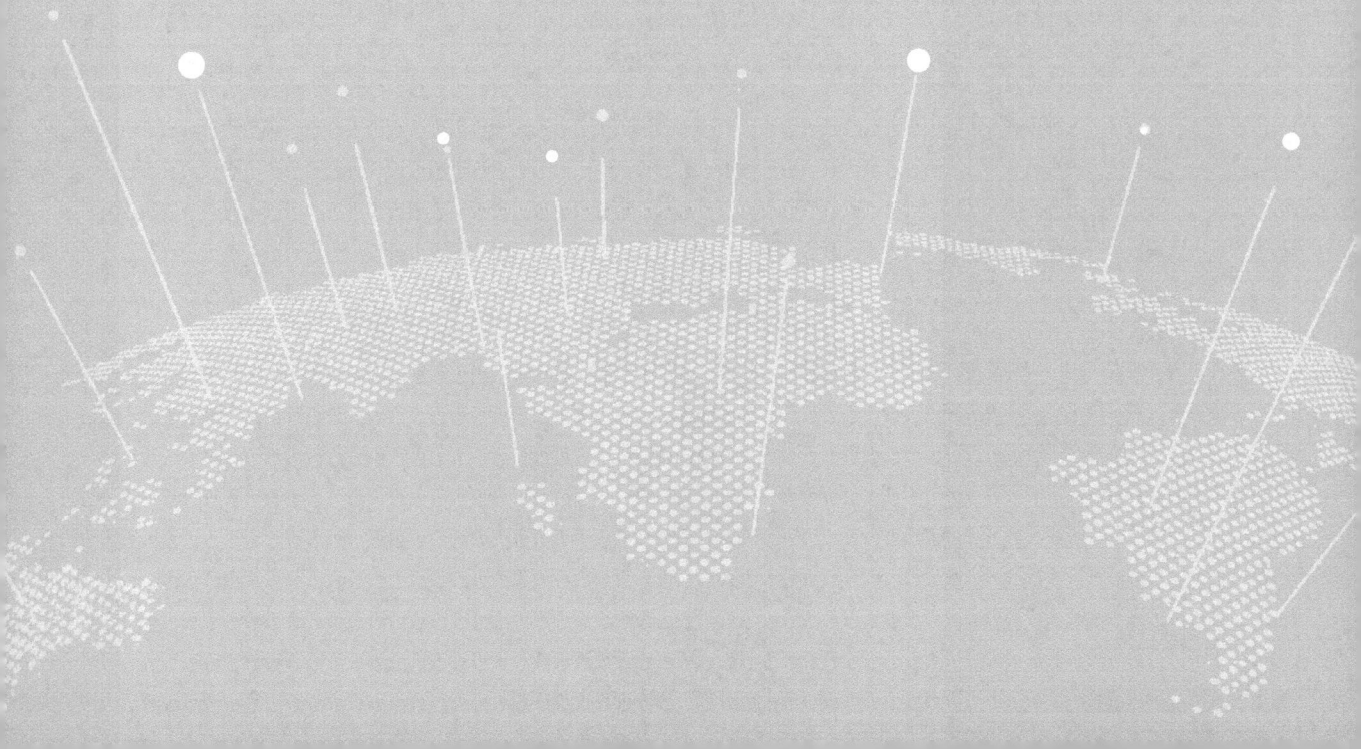

生猪产业化经营模式创新与推广,是生猪产业高质量发展的必由路径,需要持续推进。随着内外部环境发生变化,既需要为生猪产业化经营模式创新与推广创造驱动条件,也需要生猪产业化经营的利益相关主体协同努力,破除各种障碍。新一代信息技术创新发展并与社会各领域深度融合,为推进生猪产业化创新与推广创造了技术、市场、社会条件。但要充分释放新一代信息技术在促进生猪产业化经营模式创新与推广中的助推效应,仍需要创造多维条件。

一、持续推进产业互联网生态系统赋能的生猪产业化经营模式创新与推广的系统逻辑

产业互联网生态系统赋能生猪产业化经营模式创新与推广,需要基于系统思维,将产业互联网生态系统创新发展与产业融合、生猪产业化经营模式创新与推广置于内外部环境深度变化的环境中,从利益相关者角度充分考虑各主要要素及子系统间的互动关系。生猪产业化经营模式创新与推广,涉及生猪产业系统内部中观和微观维度的经营模式、机制、技术等多维创新,以及这些创新在生猪产业内部的推广采用。依托产业互联网生态系统推进生猪产业化经营模式创新与推广,则需要协同推进技术、服务、产业组织、制度及政策等多维创新。

要实现新一代信息技术与生猪产业的深度融合,促进产业互联网生态系统的创新发展。同时,依托产业互联网生态系统的创新融合,推进生猪产业化经营模式的创新与推广,其出发点是新一代信息技术与生猪产业的融合创新。

首先是生猪产业经营主体对新一代信息技术、信息系统以及新经营技术和模式的采用;其次是生猪产业的新一代信息技术应用,包括畜牧产业特别是生猪产业

的数字化解决方案与技术服务创新,以及生猪产业数字化技术和服务市场的形成与发展。二者之间相互促进。

基于生猪产业特征与属性的数字化技术、系统和平台的创新,推动了生猪产业数字化服务市场的发育成长;数字化服务市场的发育成长,为生猪产业数字化转型提供了技术来源,提升了可得性并降低了交易成本。在促进生猪产业数字化技术采纳与应用的过程中,会进一步推进互联网生态系统的创新发展、服务类型与功能的提升。

依托互联网生态系统促进生猪产业化经营模式创新与推广,除了重点推进新一代信息技术与生猪产业融合促进生猪产业信息化技术、系统、平台创新,促进生猪产业经营主体采用新一代信息技术融入网络化生态系统外,还需要为协同创新塑造良好的内外部条件。这些条件包括系统内部条件,涉及经营主体的数字素养与数字能力、专业化分工与服务社会化、产业链供应链分工与合作等;也包括外部条件,涉及资本市场发展与资本可得性、技术市场发育与技术可得性、新一代信息技术普及与应用生态、交易成本降低与交易效率提升等。内外部环境的构建与协同,以及系统内部产业链主体间的互动,构成了释放产业互联网生态系统对生猪产业化经营模式创新与推广效应的系统逻辑。

二、持续推进产业互联网生态系统赋能的生猪产业化经营模式创新与推广的系统动力

持续推进新一代信息技术的创新发展与生猪产业融合,促进生猪产业互联网生态系统的建构、效能提升,这是系统内外部主体响应环境变化,在多维动力协同推动下的结果。

(一)财税政策驱动

无论是新一代信息技术创新发展,还是生猪经营主体的采纳与深度融入,都面临很高的资产专用性、研发风险与技术不确定性风险。为了推进技术研发、促进技术采纳并与生猪产业链供应链深度融合,助推产业互联网生态系统发展,进而创新和推广生猪产业经营模式,有必要通过财政资金补助、税收优惠和财政项目资金支持等途径降低相关成本和风险。

(二)金融创新驱动

新一代信息技术领域多、创新迭代快、研发与推广资金投入大,这对技术研发主体的研发能力、资源和资本能力提出了更高的要求。金融理论认为,不同的经济产业结构需要与之相适应的金融结构。新一代信息技术的研发和推广应用决定了需要充分发展风险投资市场、股票市场、保险市场和期货市场等直接金融市场。从新一代信息技术的采纳和融合创新的角度出发,结合中国以生猪中小经营主体为主的产业结构特点,进一步推进数字金融、普惠金融和数字普惠金融等金融产品与服务的创新显得尤为重要。

(三)生猪产业高质量发展战略目标驱动

产业互联网生态系统驱动的生猪产业化经营模式创新与推广,需要充分依托嵌入的生猪高质量发展战略背景。新一代信息技术作为新质生产力的重要组成部分和核心技术支撑,本身就是推动生猪产业高质量发展的技术驱动力。此外,依托互联网生态系统推进生猪产业化经营模式创新与推广,必须充分融入国家发展战略。生猪产业应充分融入产业高质量发展、农业农村现代化、农业强国战略和乡村全面振兴,充分利用国家战略的配套政策,撬动所需的资源和资本。

(四)新一代信息技术创新发展与产业融合驱动

持续依托产业互联网生态系统,驱动生猪产业化经营模式的创新与推广,需要秉持系统和动态的基本思维。一方面,要持续推进新一代信息技术的创新;另一方面,要引导畜牧产业(生猪)数字化解决方案服务供应商不断进行数字化技术、系统与平台的创新,为效应的释放持续提供技术驱动力。同时,诱导生猪经营主体,特别是规模经营主体(企业),响应各种数字技术创新和产业互联网生态创新,为持续推进效应的释放提供数据来源和应用市场支撑。

(五)生产要素稀缺性及其价格变化的倒逼驱动

新一代信息技术与生猪产业融合创新,既是生猪经营主体主动响应新一代信息技术融合创新态势的结果,也是外部资源稀缺状况及其诱导的要素相对价格变化诱致的结果。前者主要考虑新一代信息技术可能带来的潜在预期收益(或收入现值),后者则考虑新一代信息技术对稀缺要素的替代或者对综合成本降低的成效。随着中国经济社会发展,社会面临老龄化状况突出且程度继续加深、人口生育意愿不足与人口出现负增长、农村出现劳动力弱质化等突出问题。生猪产业除了面临劳动力不足和自有及雇佣劳动力机会成本高的问题外,还面临资本要素、信息技术、现代生猪经营管理技术及风险应对能力不充分和不均衡的问题。这些问题的叠加,对生猪产业的高质量发展形成了现实约束,也为新一代信息技术在解决这些问题或减少其引发的不良影响方面注入了新的动力。

(六)生猪产业链结构变迁诱致

随着经济社会进入新发展阶段,各行业在百年未有之大变局、中华民族伟大复兴战略全局的宏观形势下,都积极推进产业换代升级,产业链结构在专业化分工不断深化条件下持续优化。生猪产业在散养、中小规模养殖逐渐退出的情况下,养殖端趋向规模化、标准化。在专业化分工持续深化的背景下,生猪产业链的组织化程度、服务社会化水平显著提高。生猪产业主体规模化、现代化水平的显著提升,一是为持续推进产业化、标准化和社会化奠定了基础,二是为新一代信息技术的采纳、互联网生态系统的融入与融合提供了发展的内驱力和资源能力支撑。

(七)生猪供需市场环境变迁驱动

新一代信息技术的融入与融合,以及生猪产业化经营模式创新与推广,是新发展阶段生猪产业高质量发展的必由路径,而生猪产业高质量发展最终要以高效、柔性满足市场需求并实现产业链供应链主体获利为基本导向。在生猪产业市场诉求向高品质、健康生态、绿色有机等维度转型,以及肉类产品偏好与消费结构持续变革的背景下,生猪产业要满足国家食物与食品安全的底线要求,更好地满足社会大众对肉制品的品质诉求,就必须通过多维创新,特别是以新一代信息技术为代表的新生产力,提高产业链供应链的效率,降低综合成本,同时增强柔性响应市场需求的能力。生猪供需市场环境的深度变迁为新一代信息技术的融入与融合以及产业化经营模式的创新与推广提供了诱因。

三、持续推进产业互联网生态系统赋能的生猪产业化经营模式创新与推广的系统条件

(一)资本要素可得性与相对低的资本成本

理论和实践证明,农业新技术采纳除受新技术应用的潜在净收益、技术本身的复杂程度、风险大小、可获得性及其交易成本等约束外,还受资本要素可得性及其低获得成本影响。资本可得性及其低获取成本,有助于缓解经营主体的资源资本约束,有助于降低资源资本的机会成本,提高新技术采纳的预期净收益。在其他条件满足的情况下,有助于促进经营主体对新技术的采纳及其应用深度。从技术研发与推广来看,充分的资本获取渠道、相对低的资本成本有助于促进新技术创新主体破解研发面临的资源资本约束,提高研发与推广效率。

随着新一代信息技术的研发与推广、深度应用,互联网生态的形成与推广、融入与融合,以及生猪产业链供应链的数字化深度融合和模式与机制创新,无论技术创新与服务主体还是生猪产业经营主体,都面临较大的资源和资本约束及较高的资本获取成本。提高资本的可获得性、降低资本的机会成本与交易成本,是持续推进新一代信息技术融入与融合互联网生态系统创新与推广,依托互联网生态系统推进生猪产业化经营模式创新与推广的基本条件。

(二)新一代信息技术及其服务的可得性与相对较低的获取成本

在新发展阶段,推进生猪产业化经营模式的创新与推广,需要深度融入新一代信息技术及其赋能的互联网生态系统。对于生猪产业链供应链的经营主体而言,是否采纳、采纳的规模、是否融入以及融合的深度等,除了需要考虑新一代信息技术和互联网生态系统可能带来的潜在收益、存在的风险以及采用的难度之外,很重要的因素是新一代信息技术和互联网生态系统(或平台)的可获得性以及获取它们的交易成本。

具体来说,要考虑新一代信息技术及生猪数字化技术、信息系统、平台及其他应用场景在市场上是否有供给,供给市场的规模及完备性,以及供给的方式,还包括采用的方式、机会成本与交易成本等。为保证新一代信息技术和互联网生态系统能够与生猪产业及生猪产业化经营有机融合,必须确保生猪产业经营主体能够通过规范渠道获得相应的技术、平台及各种应用系统,并以相对低的机会成本和交易成本获取这些资源。

（三）互联网生态应用创新与低融入成本

产业互联网生态系统是新一代信息技术与社会各行业、各领域深度融合所形成的生态。该生态的形成，一是涉及与生猪产业数字化转型相关的应用型技术、平台和系统的创新与推广；二是涉及生猪产业链供应链数字化技术的采用及其深度融合；三是涉及与之相对应的供给和服务专业市场的培育成长，以及市场交易的数字化。要充分发挥互联网生态系统在促进生猪产业化经营模式创新与推广、推动生猪产业高质量发展等方面的效应，首先需要持续创新数字化技术，将新一代信息技术与生猪产业深度融合，确保低成本、可持续的数字化技术支持生猪产业发展。其次，要以新一代信息技术的综合应用为方向，持续推进生猪产业链供应链各应用场景的研发与平台整合，以实体互联网平台与系统、虚拟数字化市场供给以及生猪经营主体低成本融入为前提，实现二者的协同互促。

（四）生猪产业经营主体的充分数字认知与数字能力

新发展阶段推进生猪产业化创新与推广，必须以新一代信息技术与生猪产业融合的数字化技术、平台和系统的大规模采纳及深度应用为前提。这一条件的满足除了技术、系统和平台自身的属性，市场可得性，以及采用成本之外，另一个重要的条件在于生猪产业链供应链主体的行为选择。是否采纳与采纳深度、是否融入以及融入深度等问题的抉择，都直接与经营主体的数字素养密切相关。只有持续提升生猪产业经营主体对新一代信息技术、生猪产业数字化技术以及各种数字化系统、数字化平台的认知，并在互联网生态系统融合中不断提高其技术接入能力、应用能力，才能为互联网生态系统驱动生猪产业化创新与推广效应的持续释放提供创新条件。

（五）生猪产业龙头企业的培育及其数字化引领能力

依托产业互联网生态系统推动生猪产业化经营模式创新与推广，落脚点是新一代信息技术与生猪产业深度融合创新所实现的生猪产业数字化转型升级，以及产业链供应链运行模式与运行机制的数字化创新应用。这一目标的实现需要生猪产业经营主体都能够主动融入生猪数字化技术、系统与平台。这一过程的实现除了技术本身的属性、外部要素的支撑、主体的认知与能力之外，还需要示范与引领。

生猪产业规模经营主体(养殖场或企业)在数字认知与能力、资源资本筹措与整合、风险抵御、潜在收益实现等维度都具有比较优势,也往往具有更强的内驱力。持续推进生猪产业龙头企业成长,促进其与新一代信息技术以及各种应用、系统、平台的深度融合,是持续释放产业互联网生态系统对生猪产业化经营模式创新与推广效应的可行条件。

第八章

持续推进互联网生态系统助推生猪

产业化经营模式创新与推广的制度

保障与政策支撑

产业互联网生态系统的构建与拓展,并与生猪产业深度融合发展,是新一代信息技术条件下推进生猪产业化经营模式创新与推广的内涵之一。二者存在相互融合、相互支撑与相互促进的关系。要持续释放二者间的协同互促效应,除依托市场、技术与系统创新服务主体,以及生猪产业经营主体等的作用外,还需要充分发挥政府在政策、制度制定与推行方面具有的比较优势,为效应的持续释放提供制度保障和政策支撑。

一、生猪产业化经营模式创新与推广的制度需求与制度供给

(一)新发展阶段生猪产业化经营创新与推广的制度需求

在新发展阶段,新一代信息技术与生猪产业的深度融合,推动了生猪产业的数字化创新,促进了互联网生态系统的构建、服务规模的拓展与能力的提升,这离不开政府制度的方向引领、激励与规范。

理论上,制度包括宏观制度、中观制度和微观制度。宏观制度一般涉及规范国家主体行为和国际关系的基础性制度框架,起到方向引领和边界界定的作用;中观制度一般涉及具体产业和区域,对具体产业发展和区域发展进行引领、激励和规范;微观制度一般涉及某一具体产业或区域内部更小层面的主体行为选择和关系处理的制度与规范。从制度创新与推行,以及作用发挥机制的差异来看,制度又可分为正式制度和非正式制度。正式制度主要包括规划、法律法规、规章、条例等,强调制度制定与推行,在发挥制度作用过程中,主要依托正式机构在权力、强制力保障的比较优势及所表现出来的强制性,呈现自上而下的基本特征。非正式制度则主要表现为特定群体、区域以非正式方式,协调一致、达成均衡的习俗、风俗、文

化、道德、伦理等。相较于正式制度,非正式制度在制度创新(变迁)及推广过程中,其作用的发挥主要依托主体的自觉性、自我约束性、自组织性。

以新一代信息技术与生猪产业的融合,推进生猪产业数字化技术、系统、平台的创新,从数字化技术在生猪产业内部的初步应用到大规模应用,从单一应用场景的简单应用到多应用场景的融合,最后实现深度和广度的应用。这一过程的实现和推进,需要多维度制度的保障。

具体来说,从宏观制度来看,需要在国家宏观发展规划(如"十五五"规划)中强调新一代信息技术创新发展及其产业化,强调农业特别是畜牧业的数字化转型,以及产业特别是生猪产业的互联网生态创新与融合。从中观维度来看,应围绕大农业、畜牧业、生猪产业制定高质量发展规划。在高质量发展规划中,明确数字化转型、互联网生态创新与融合,以及生猪产业的数字化转型和发展方向,并在规划中明确生猪产业数字化创新发展的管理体制。同时,需要健全新一代信息技术、互联网生态创新与生猪产业化经营融合发展的相关规范与规章。在微观层面,需要围绕生猪产业互联网生态系统的高效、规范运行,建立具体的制度,如对特定市场、平台、核心产品产业链及核心企业的数字化转型与运行,制定具体的操作规范。

(二)新发展阶段生猪产业化经营创新与推广的制度供给及供需均衡

产业化经营,是中国大农业、畜牧业(特别是生猪产业)高质量发展的既定方略。围绕生猪产业化、标准化、规范化经营,中央、地方及其相关职能部门先后制定了一系列制度。这些制度主要包括以下几个方面。

(1)党的代表大会、国家会议的决议及发展规划。一是在党的全国代表大会的报告及中央全会决议中,明确强调了将现代化产业体系建设作为推动经济高质量发展的重要任务,重点强调"国家新兴产业发展""数字乡村建设""农业数字化""设施农业发展""农业(畜牧业)高质量发展"以及"重要农产品(肉制品)有效供给"这几个方面,为数字经济时代生猪产业化经营模式的创新与推广提供了明确的政策导向。二是国家及地方的五年发展规划(如国家"十四五"规划以及未来的国家"十五五"规划)以及专项规划。国家及地方"十四五"规划中对"数字产业化和产业数字化""农业(畜牧业)高质量发展""农业强国""农业农村现代化""乡村全面振兴(产业振兴)"等维度予以了关注与强调。针对生猪产业的高质量发展,国家层面出台了《全国生猪生产发展规划(2016—2020年)》《工业互联网创新发展行动计划（2021—2023年）》《中小企业数字化赋能专项行动方案（2025—2027年）》《数字商务三年行动计划（2024—2026年）》《全国智慧农业行动计划（2024—2028年）》一系列专项政策，地方层面也出台了具体的相关政策，推动生猪产业数字化升级。

（2）专项规章制度。围绕畜牧业（生猪）产业化、标准化、绿色化、平稳化发展，出台了《生猪屠宰管理条例》《生猪产地检疫规程》《生猪屠宰检疫规程》《跨省调运乳用种用动物产地检疫规程》《生猪产能调控实施方案》《生猪屠宰质量管理规范》《数字化绿色化协同转型发展实施指南》等。

（3）微观的内部规范。主要包括生猪规模化经营主体、畜牧业（生猪）互联网平台、畜牧业（生猪）大数据平台等的有序运行规范，以特定核心企业和产品为中心的供应链系统内部管理规范，以及特定区域畜牧业（生猪）高质量发展的地区规范（包括产业化、绿色化、数字化、规模化等）。

从现有制度体系来看，围绕畜牧业（生猪）产业高质量发展、数字化转型和新一代信息技术赋能生猪产业互联网创新发展的制度供需呈现不均衡状态。主要表现在：

（1）针对畜牧业（生猪）高质量发展，除了在2015年出台了规划之外，就没有再出台过专项规划，虽然党和国家会议决议、宏观规划有所体现，也主要是嵌入农业高质量发展、农业农村现代化发展、乡村全面振兴、农业强国建设等板块中。

（2）畜牧业（生猪业）数字化转型、畜牧业（生猪）数字化技术创新与推广、畜牧业（生猪）互联网生态系统的创新与融合等方面，主要以中央和地方的意见为主，制度和规范等形式出现得较少。

（3）制度不健全，制度体系不完备。从现有制度及体系来看，畜牧业（生猪）在数字化技术创新与推广应用、互联网生态系统创新发展、数字化助推产业化经营模式创新与推广等方面，宏观、中观、微观三个层次的制度都不完善，且制度间未能形成完备的体系。

（三）新发展阶段生猪产业化经营模式创新与推广的制度创新

1.生猪产业化经营模式创新与推广管理体制创新

生猪产业化经营模式创新与推广及其持续推进是系统工程。从治理的角度考虑，则需要利益相关主体，特别是各级政府及相关职能部门系统推进。从管理体制出发，则需要健全和完善相关的管理体制，具体来说，需要完善相应的管理体系、管理主体间的权责与协同规范制度。管理体系,则涉及中央、地方主要职能部门,具体涉及中华人民共和国农业农村部、商务部、国家发展和改革委员会、科学技术部、工业和信息化部、生态环境部、中国人民银行等国务院下属职能部门以及直属的地方职能部门。这些部门需要基于自身的管理权限,围绕生猪产业高质量发展战略目标,以及数字化技术研发与推广应用、生猪数字化技术创新应用与互联网生态创新应用、生猪产业链供应链数字化创新与推广应用等具体目标,在技术创新与推广、自然资源供给与保护、资本供给与优化配置、技术与服务专业化市场发育成长、数字化赋能的生猪产业化经营与创新等方面,进行权责分工、行动协调与协作。

2. 生猪产业高质量发展战略与规划的健全完备

数字化创新发展是新发展阶段畜牧业(生猪产业)高质量发展的必由路径。依托生猪产业数字化技术创新与应用、生猪产业数字化与互联网创新应用及其形成的生态体系,促进生猪产业高质量发展,需要发挥发展战略与发展规划的引领作用。从目前的发展战略与规划来看,除部分地方政府外,中央政府并没有出台专门的畜牧业(生猪产业)高质量发展、数字化创新发展战略与规划。中央、地方各级政府需要立足新一代信息技术创新发展及其与产业融合的未来走向,围绕高质量发展目标制定中长期的畜牧业(生猪产业)数字化技术创新推广、产业高质量发展战略规划。

3. 生猪产业数字化技术创新与推广的体制与制度创新

技术特别是新一代信息技术的创新与推广面临创新门槛高、资本投入大、技术创新风险高、市场推广与生态形成难度大、市场竞争激烈等问题,需要推进生猪产业的数字化技术创新与应用,形成数字化应用生态。在健全完善新一代信息技术创新与推广体制的基础上,需要进一步健全完善生猪产业数字化技术创新与推广、数字化技术应用生态创新发展体制机制。一是构建由高校、科研院所和新一代信息技术企业为主体的数字化技术创新体系,二是健全完善由产权制度、投融资体制、技术供给与服务市场、大数据市场发育成长及有效运行制度等构成的制度体系。

4. 生猪产业数字化生态形成与运行的制度安排创新

生猪产业数字化生态系统是生猪产业数字化技术创新、深度应用的结果。推进生猪产业数字化生态系统的创新与推广,需要在完善畜牧业(生猪产业)数字化技术创新和管理体制的基础上,进一步推进生猪产业的网络化生态创新,并促进生猪产业经营主体融入相关制度。一是激励生猪产业数字化技术创新的投融资激励制度、产权保护制度和技术交易与技术服务市场制度；二是激励生猪产业经营主体应用数字化技术并融入网络化生态的投融资制度及技术示范与推广体制；三是促进生猪产业数字化技术和网络化生态服务市场及其主体的培育与发展，完善要素支持制度和公共基础设施等相关配套。

5.生猪产业互联网生态赋能生猪产业化经营创新与推广的制度安排创新

持续依托生猪产业互联网（数字化）生态创新融合，推进生猪产业化经营模式的创新与推广，需要通过技术创新、制度创新、组织创新等多维创新，结合新一代信息技术与生猪产业互联网（数字化）生态的融合，以及生猪产业经营的规模化、组织化、社会化和数字化两个维度协同发力。立足制度创新，除了推进以生猪产业互联网（数字化）生态创新融合为导向的体制和制度安排创新外，还需要围绕生猪产业化展开多方面努力。具体包括财政税收支持、金融政策扶持、土地要素保障、产业发展与自然生态保护、产业链专业化分工与合作激励、产业链供应链柔性与韧性提升等维度，推进制度创新，以有效助推生猪产业化经营模式的创新与推广。

二、新发展阶段生猪产业化经营创新与推广的政策支撑

（一）产业互联网生态系统助推生猪产业化经营创新应用的政策需求

新一代信息技术创新推广与深度应用推动生猪产业互联网（数字化）生态系统发育成长，进而促进生猪产业化经营模式创新与推广，最终实现生猪产业高质量发展，这离不开中央、地方各级政府政策的支持与保障。具体来说，政策应将目标定位为促进生猪数字化技术创新的推广与采纳，推动生猪产业互联网（数字化）生态的创新发展，进而实现生猪产业链供应链的数字化转型，最终推动生猪产业的高质量发展。从政策的落脚点米看，一是要着眼于降低新一代信息技术特别是数字化技术创新与推广、互联网（数字化）生态系统创新与生猪产业融合、生猪产业化经营持续推进等方面的要素约束，如资本约束、人力资本约束、基础设施约束和技术约束等；二是要着眼于降低新一代信息技术特别是生猪产业数字化技术创新和互联网（数字化）生态系统融合的多维风险，如生猪产业发展的自然风险、市场风险、疫病风险、供应链风险和技术风险等；三是要着眼于提高新一代信息技术，特别是生猪产业数字化技术和互联网生态系统的可得性，降低获取和融入这些技术的综合

成本,如机会成本、外生交易成本和内生交易成本;四是要着眼于弥合数字鸿沟,在提高认知和数字技术接入与应用能力的同时,降低新一代信息技术,特别是生猪数字化技术和互联网生态系统采纳、融入和融合的难度。

(二)产业互联网生态系统助推生猪产业化经营创新应用的政策供给与均衡

产业化创新与发展一直是中国推进农业规模经营、现代化发展的既定方向,也是中国推进畜牧业(生猪产业)规模化、组织化、标准化发展的基本方略。据不完全统计,为促进畜牧业(生猪产业)产业化发展,21 世纪初以来,先后出台了以规划、条例、意见、标准、方案等为主要类型的政策性文件 50 余份。这些文件主要在畜牧业发展(或持续健康发展)、生猪产业发展与稳定市场供应、生猪调运、疫病防控、生猪屠宰规范化与标准化、畜牧(生猪)产业绿色化与数字化等方面进行了系统的政策设计,明确了发展目标和举措,显著促进了生猪产业的规模化、标准化发展。

产业链供应链数字化转型持续推进,生猪产业互联网生态服务类型、功能、服务规模持续拓展,生猪产业高质量发展也在持续推进。特别是《关于促进畜牧业高质量发展的意见》《全国智慧农业行动计划(2024—2028 年)》《关于大力发展智慧农业的指导意见》等直接针对大农业、畜牧业高质量发展和智慧化发展的制度与政策,为未来畜牧业(生猪产业)推进全产业链供应链数字化转型、高质量发展指明了方向。

但从现有的政策文件来看,存在以下问题。一是没有专门针对畜牧业特别是生猪产业数字化发展和互联网生态创新的政策文件,畜牧业特别是生猪产业的数字化转型和互联网生态创新发展的相关政策主要嵌入在智慧农业、畜牧业高质量发展、"互联网+"现代农业、"互联网+"乡村产业振兴等文件或内容板块中。二是现有相关文件主要着眼于畜牧业高质量发展、畜牧业(生猪产业)智慧化发展,以及"互联网+"畜牧业(或生猪产业)的具体发展方向,比如畜牧业(或生猪产业)数字化技术创新、畜牧养殖场运营管理数字化、电子商务、畜牧业(生猪)环境监测与猪只管理数字化全过程追溯与质量控制、推广使用等方面的政策支持着墨较少。三是现有的扶持政策体系性和可操作性不足,主要涉及财政预算内的项目资金支持或专项补贴,以及金融、技术、服务、宣传培训等政策。金融支持政策主要体现在《关于推进政策性开发性金融支持农业农村基础设施建设的通知》、《关于金融支持全面推进乡村振兴加快建设农业强国的指导意见》《关于加快农业发展全面绿色转型促进乡村生态振兴的指导意见》等文件中,基本强调将智慧农业项目纳入农村基础设施建设项目,以推进项目性融资,创新金融数字化服务场景和拓展在线信贷,强化专项金融支持与金融产品创新。

(三)产业互联网生态系统助推生猪产业化经营创新应用的政策创新

1. 以激励与引导为导向的财政政策创新

依托生猪产业数字化技术创新与推广应用,助推互联网生态系统创新发展,进而推进生猪产业化经营模式创新与推广,这一过程离不开政府财政资金的支持。从支持导向来看,主要在于依托有限的财政资金,一方面降低生猪产业数字化技术研发与推广、应用场景创新与应用规模拓展的进入成本,引导、诱致社会资本的投入;另一方面增加生猪产业数字化技术创新、应用场景创新与推广、数字化技术采纳的综合收益,激励研发、推广与应用。从支持领域来说,主要涉及生猪产业数字化技术、系统与平台研发推广,生猪产业经营主体数字化技术、系统或平台采纳相关的专用性投资,生猪产业大数据生态建设与应用市场推广,数字经济赋能的生猪产业化经营模式创新与推广项目。从支持方式来看,一是整合乡村振兴基础设施建设、设施农业建设以及其他涉农财政项目的资金,加大项目支持力度;二是围绕生猪产业数字化技术创新主体与产业化应用龙头企业培育、生猪产业数字化技术创新与推广、数字化应用场景创新与采纳、数字经济赋能的生猪产业化项目引入或改造等重点,采用项目申请审批制进行奖励、补贴或补助。从支持及其强度的确定来看,需要基于效率与效益导向,依据数字化技术创新成果、应用场景创新与推广及服务规模、数字化技术及应用场景推广所带来的社会效益,产业化项目的综合带动效益等进行综合认定与审批。从财政资金激励与引导的实现来看,需要在条件允许的条件下推进申请、审批以及结算的数字化。

2. 以扶持与引导为导向的金融政策与金融服务创新

限于财政资金的有限性与功能的特殊性,持续推进生猪产业数字化技术、数字化应用场景创新与应用推广,依托数字化推进生猪产业链供应链创新与应用,离不开现代金融的支持。从支持的导向来看,一是破解创新主体、推广主体、应用主体自有资金不足的问题,降低因资金不充裕可能带来的项目启动和推进难度;二是降低生猪产业数字化技术与应用场景创新及其应用推广、数字化赋能生猪产业化经营创新项目的资金成本,在推进项目执行的同时增强资金的财务杠杆效应;三是降低资金获取的交易成本,依托数字金融发展和专项金融产品等降低资金申请、审批及偿还的交易成本。从支持的方式来看,一是加大政策性和开发性信贷资金对生猪产业数字化技术、应用场景创新以及推广应用的信贷支持;二是推进商业银行信贷产品与服务的创新,从支持领域、力度、申请审批难度等方面向畜牧业(生猪产业)数字化技术的创新与推广、应用场景的创新与推广、生猪产业链供应链的数字化改造与转型升级倾斜;三是持续推进数字金融、绿色金融、数字普惠金融、供应链金融等金融产品与服务的创新,通过这些创新降低金融服务的交易成本和资金成本。

3.以示范与引领为导向的典型打造与应用推广政策

作为新质生产力的重要驱动与组成部分,在信息不对称、技术与应用生态不健全、市场不完备的条件下,新一代信息技术的研发和产业化应用对于产业经营主体来说是全新挑战,其研发、采纳及深度应用都受技术及应用场景认知的影响。一是技术、应用场景在物质资本、人力资本、空间资本等维度的专用性;二是技术、应用场景研发或采纳可能带来的预期净收益或预期净收益的现值;三是技术、应用场景研发或应用可能面临的风险,包括技术不确定性、产品市场波动与不确定性;四是技术研发及应用场景采纳的难易程度。

这些问题的解决,一方面可以通过提升对搜寻型商品或服务的认知,优化信息搜索路径;另一方面可以通过提升对体验型商品或服务的认知,优化实际应用或体验路径。面对新兴事物,在信息严重不对称、不完备,且面临极大不确定性的情况下,认知提升主要还要依靠典型示范。推进生猪产业数字化技术的研发、应用场景的开发以及推广应用,需要充分利用典型塑造和示范的路径。

从政策创新导向来看,一是从探索数字化技术、应用场景创新的方向,展示技术、应用本身;二是向社会、市场展示数字化技术、应用场景应用推广过程中的成效、风险、难度,以及具体的应用流程、标准。

从政策创新方向来看,一是继续推进农业数字化技术的应用生态创新及典型应用的评选与推介,充分利用互联网平台、自媒体以及各种展销平台等手段进行推广;二是继续推进生猪数字化技术和应用场景在生猪规模经营场(企业)和龙头企业中的试点工作,并在此基础上引领更多经营主体的应用、融入和融合。

从政策推进来看,一是依托政府系统(如农业农村部、商务部)推进典型评选与对外推介;二是鼓励和支持生猪产业数字化技术、应用场景研发主体以及生猪经营核心企业作为推介主体,通过与产业链供应链合作伙伴的深度合作,实现试点与推介。此外,还须在代表性技术和应用场景中选择试点场所(或户)并进行应用试点。

4.以示范与引领为导向的招商引资与服务政策创新

依托产业互联网生态,推进生猪产业化经营模式创新与推广,除了依托区域内、产业内现有创新主体、经营主体及服务主体外,立足生猪产业高质量发展,还可以依托社会资本、主体的引入,实现生猪数字化技术、应用场景创新以及应用推广。

从政策创新导向看,政策创新的落脚点在于创造条件,吸引在数字化技术研发与推广上有比较优势的技术与应用研发企业,以及在产业发展上有比较优势的生猪产业化龙头企业的进入。

从政策创新方向看,主要在于创造条件。一是从财政税收、补贴、金融、土地等要素获取方面,在国家相关政策许可的条件下进行政策优化,降低技术与应用场景创新研究机构、生猪经营产品研发与推广机构、生猪产业经营龙头企业进入及运营的成本。二是从服务优化的角度出发,强化对区域内现有及引入的数字化技术、应用场景创新与推广,以及与畜牧业(生猪产业)经营主体的对接服务,依托"放管服"改革,以优化服务,降低管理与服务交易成本、运营成本等为导向。持续在机构与企业投资进入、要素获取、公共服务实现、管理优化等方面进行管理与服务创新,特别是管理与服务数字化创新。

5.优化空间布局与产业集聚发展的国土空间规划与园区化发展政策创新

立足新发展阶段,贯彻新发展理念,依托产业互联网生态系统推进生猪产业化经营模式的创新与推广,除了强调生猪数字化技术创新与应用、数字化技术应用场景创新、生猪产业龙头企业的发展壮大以及生猪全产业链供应链运营的数字化转型外,还需要从集聚效应的释放和绿色发展出发,推进生猪产业的产业化、数字化、标准化、社会化运营,同时优化生猪数字化技术创新与应用、数字化技术应用场景创新与应用、生猪产业化经营等产业与主体在空间上的配置。

从政策创新导向看,一是响应国家畜牧业(生猪产业)绿色发展和空间集聚发展的政策导向;二是促进生猪产业的数字化技术创新与应用,推动数字化技术在生猪生产等领域的应用,实现产业的空间集聚,从而达到专业化分工与合作、集聚空间内的合作与竞争、技术创新网络外部性和创新推广的相互促进等集聚效应。

从政策创新方向看,一是全面推进县域、镇域,甚至村域的国土空间规划,依托新一代信息系统致力于实现空间资源本底、功能空间规划、产业发展规划等维度信息的数字化和可视化;二是在国土空间规划实施的基础上,推进数字化技术创新与推广,开展生猪产业数字化技术的研发与应用场景创新,以及推动生猪产业链供应链的园区化发展,依托产业园区建设及产业在园区的集聚效应,实现产业链供应链的空间集聚。

6.支撑与保障导向的经营主体数字素养与数字能力提升政策创新

生猪产业数字化技术、产业互联网生态的创新与推广应用,以及生猪产业链供应链的数字化转型,其基础在于生猪产业经营主体对数字化技术和应用场景的采纳与融合。实现这一目标,需要足够的数字素养和数字能力作为基本支撑和保障。

从政策创新导向看,一是培育和提升生猪产业经营主体、数字化技术与应用场景推广主体及服务主体的数字素养和数字能力;二是促进数字化技术与应用场景的采纳,形成互联网(数字化)生态系统,进而实现二者的协同互促。

从政策创新方向看,一是鼓励政府、企业、公共组织等多元主体对生猪产业经营主体,特别是中小规模生产户(场),持续推进数字化技术和应用场景的培训与推广,提高其对数字技术、应用场景的认知能力、接入能力和融合应用能力;二是激励、引导生猪产业数字化技术创新与推广、应用场景创新与推广,以及规模经营主体开展技术与应用场景示范,以提高生猪经营主体,特别是中小养殖场(户)的数字技术认知;三是激励、引导生猪经营主体采用数字化技术,融入数字化应用场景,在应用过程中提高对数字化技术及应用场景的认知,并提升其深度介入和应用能力。

第九章

研究结论及未来展望

本书立足新发展阶段,聚焦产业互联网生态系统推进生猪产业化经营模式的创新与推广,旨在回答"产业互联网生态系统驱动生猪产业化经营模式创新的诱因和现实逻辑分别是什么?""产业互联网生态系统驱动生猪产业化经营模式创新的绩效如何?""产业互联网生态系统驱动生猪产业化经营模式创新,应如何进行战略选择?""进一步依托产业互联网生态系统推进生猪产业化经营模式创新,需要从哪些方面创造条件?""需要如何推进制度与政策创新?"经研究,得到如下结论。

一、研究结论

(一)生猪产业化经营模式演化创新是内外部多重因素共同作用的结果

生猪产业化经营先后经历了家庭经营主导、双层经营主导、联合经营主导、一体化经营主导等多个阶段。产业化经营主要存在龙头企业带动型、中介经济组织带动型、专业批发市场带动型、现代畜牧示范区带动型等多种模式。生猪产业经营模式的演进受消费升级和猪肉产品价值诉求变化、养殖技术变革和生猪养殖主体结构变迁、交易技术变革和交易效率提升、信息技术发展和产业融合创新深化、政府产业政策推动等多维因素的影响。

(二)产业互联网演化融合驱动生猪产业化经营模式创新与推广遵循特定的现实逻辑

传统生猪产业化经营面临"猪周期"波动、生猪产业链主体间利益链接稳定性不高、产业链供应链精准性与效率性不充分、外部冲击的预警性与有效应对不充分、猪肉产品与制品信息不对称与价值增值不充分、粪污无害化处理与资源化利用系统不健全等困局。新一代信息技术创新与产业融合显著推进了生猪产业化经营模式创新,体现了综合成本降低、颠覆性技术创新、引领型企业技术超融合与推广、产业链供应链追随型主体的积极响应与应用、软硬件设施的健全完善等实现逻辑。

(三)产业互联网生态系统融合驱动生猪产业化经营模式创新与推广能效显著

理论认为,产业互联网生态系统的融合驱动了生猪产业化经营模式的创新和推广:在养殖端,有助于提升技术效率和管理水平;在服务端,有助于提升服务效率和专业化分工的绩效;在交易端,有助于提升交易效率;在宏观调控端,有助于提升疫病疫情与市场供求的监测及调控能力。现实比较发现,互联网生态的创新融合显著促进了生猪产业化经营模式的创新与推广,显著提升了生猪产业的数字化水平,实现了产业的降本增效。这一融合助推了生猪及其猪肉制品交易的数字化、生猪产业服务的专业化分工和数字化、生猪产业经营主体经营管理水平的提升,以及政府对生猪产业宏观调控的优化。

(四)持续推进产业互联网生态创新融合驱动生猪产业化经营模式创新与推广需要战略支撑

从发展态势来看,产业互联网生态创新融合驱动生猪产业化经营创新与推广。我们拥有生猪产业互联网生态系统架构的构建与推广,数字化与网络化转型的快速推进,生猪经营规模化、组织化、标准化持续推进等内在优势;然而,也面临生猪产业互联网生态系统不健全、生猪经营主体与产业数字化转型不充分、数字化引领的生猪产业链供应链运行机制不完善、生猪产业化经营主体数字化引领能力不足等内在劣势。既面临新一代信息技术的创新发展及其深度融合、各级政府的大力支持、全社会数字化生态的加速形成、数字乡村建设与乡村全面振兴战略的持续推进等外在机遇,也面临新一代信息技术创新发展及其强资产专用性,规模化养殖与产业化经营面临的突出环境治理压力、多维风险,以及消费者肉类消费升级对其他肉类产业发展带来的冲击等多重挑战。从战略支撑来看,需要秉持系统性、动态性、渐进性、协同性原则,协同推进生猪产业互联网生态系统创新与发展战略、生猪经营主体互联网生态系统融入与融合促进战略、生猪生产经营助推规模化与一体化经营持续推进战略、生猪产业风险协同治理创新战略、消费升级引领的产业链系统创新战略等多元战略。

(五)产业互联网生态驱动生猪产业化经营模式创新与推广需要构建系统动力系统与条件支持系统

持续推进产业互联网生态系统的赋能,创新和推广生猪产业化的经营模式,需要充分考虑财税政策驱动、金融创新驱动、生猪产业高质量发展战略目标驱动、新一代信息技术创新发展与产业融合驱动、生产要素稀缺性及价格变化倒逼、生猪产业链结构变迁诱导、生猪供需市场环境变迁驱动等系统性动力;需要充分创造资本要素的可得性和相对低的资本成本、新一代信息技术及其服务的可得性和相对低的获取成本、互联网生态应用的创新和低融入成本、生猪产业经营主体的充分数字认知和数字能力、生猪产业龙头企业的培育及其数字化引领能力等多维条件。

(六)持续释放产业互联网生态驱动生猪产业化经营模式创新与推广效应要推进系统制度创新与政策创新

持续释放产业互联网生态系统对生猪产业化经营模式创新与推广的驱动效应,面临制度和政策供需不均衡的状况。制度创新应聚焦于生猪产业化经营模式的创新与推广、管理体制的创新与完善、生猪产业高质量发展战略与规划的健全、生猪产业数字化技术创新与推广的体制与制度创新、生猪产业数字化生态的形成与运行的制度安排创新、生猪产业互联网生态赋能产业化经营的制度安排创新等方面。政策创新应聚焦激励与引导的财政政策创新、扶持与引导的金融政策与服务创新、示范与推广的典型打造创新、示范与引领的招商引资与服务政策创新,以及优化空间布局与产业集聚发展的国土空间规划与园区化发展政策创新。从支撑与保障导向的经营主体数字素养和数字能力等方面提升政策创新。

二、研究展望

(一)现有研究存在的不足

本书系统探讨了产业互联网生态创新驱动生猪产业化经营模式创新与推广的现实逻辑、成效、发展态势与战略选择、系统动力与条件支撑、制度保证与政策支撑等。但仍存在如下不足:

(1)本书对产业互联网生态创新与生猪产业化经营模式创新、推广的协同互促机理进行了理论思辨,但基于数理建模的分析可进一步拓展;

(2)本书基于案例分析、比较分析、描述性统计分析等方法,探讨了产业互联网生态创新对生猪产业化经营模式创新、推广的成效,但基于全国各省份宏观数据和调查数据的效应测度仍有待进一步深入;

(3)本书对产业互联网生态创新融合促进生猪产业化经营模式创新、推广的机制进行了理论分析,但基于全国各省份宏观数据、微观调研数据的计量模型分析有待进一步深入。

（二）未来的拓展方向

针对产业互联网推动生猪产业化经营模式创新与推广研究的不足之处，未来的研究可以进一步深入探讨以下方面：

（1）利用数理建模深化理论探讨，揭示产业互联网生态创新与生猪产业化经营模式创新、推广的理论机制；

（2）收集更多最新案例，运用多案例比较分析或 fsQCA 等定性分析方法，深入分析实现逻辑和路径；

（3）基于省级数据和微观调研数据，进行效应的量化评估，并验证影响效应的主要因素及作用机制；

（4）结合更深入的理论分析、更新的案例和数据分析，优化战略选择、条件构建、制度与政策创新体系。

参考文献

一、图书类

（一）中文图书

卢现祥,朱巧玲.新制度经济学[M].北京:北京大学出版社,2017.

中共重庆市荣昌区委党史地方志办公室.荣昌猪志[M].长春:吉林文史出版社,2019.

[美]理查德·R.纳尔逊,悉尼·G.温特.经济变迁的演化理论[M].胡世凯,译.北京:商务印书馆,1997.

（二）英文图书

DUESENBERRY J S. Income, saving and the theory of consumer behavior [M]. Cambridge, Mass: Harvard University Press, 1950.

二、期刊类

（一）中文期刊

陈灵伟.集约与分散协同的农畜结合猪业循环经营模式研究[J].农业经济,2011(9):16-17.

陈升,王京雷,代欣玲.基于"结构—动力"视角的合作治理模式比较:以小城镇建设为案例[J].公共管理学报,2020,17(2):104-115+172.

陈主平,黄萍方,万露,等.信息化对我国生猪产业影响探讨[J].畜禽业,2017,28(9):82-83.

崔岚嵩,朱卫国.基于RFID技术的生猪安全追溯及电子交易平台的示范与推广[J].信息技术与信息化,2010(5).

董斌川,王占彬,孙平.河南省猪产业化"八统一"模式的建立与应用[J].黑龙江畜牧兽医,2017(8):58-61.

董银河.西北地区猪产业化发展规划与经营模式思考[J].畜牧与饲料科学,2011,32(8):45-48.

方遥,王娟.关于国外生猪养殖信息化模式探究[J].猪业科学,2009,26(5):18-21.

方衍斌,张杰.如何利用"互联网+"促进生猪养殖行业的优化升级[J].农业科技与信息,2016(25):122.

付蓉,张倩,于峰.生猪养殖信息化现状及问题分析[J].河南农业科学,2014,43(12):169-172.

国际证券监管委员会.技术变革对市场完整性与效率的影响及相关监管建议[J].中国人民银行金融稳定局证券处和福州中心支行金融稳定处联合课题组,译.金融发展评论,2012(6):124-130.

贺爱光."猪联网":"互联网+"养猪服务平台[J].四川农业与农机,2019(4):16-18.

韩纪琴,王凯.猪肉加工企业质量管理、垂直协作与企业营运绩效的实证分析[J].中国农村经济,2008(5):33-43.

胡红坤.生猪养殖技术及养殖模式[J].畜牧兽医科学(电子版),2019(11):88-89.

黄俐晔.中国养猪业现状、问题与趋势[J].广东农业科学,2015,42(16):175-179.

李建平,张存根.加入WTO对我国养猪业的影响及对策[J].农业经济问题,2000(4):13-16.

李闻.上海松江区种养结合家庭农场养猪模式[J].今日养猪业,2014(1):55-56+5.

李思懿,田梦,徐峰.数字经济抑制生猪生产波动的实证分析[J].河南农业大学学报,2024(9):1-15.

梁振华,张存根.我国生猪区域产销的变动趋势与发展的思考[J].中国农村观察,1998(1):62-65.

林大雄.生猪产销一体化若干问题的探讨[J].商业经济研究,1995(11):30-32.

潘国言,龙方.SCP视角的湖南生猪产业组织分析[J].全国商情(理论研究),2009(22):3-4+7.

任兴洲.产业互联网的发展与创新[J].中国发展观察,2015(8):58-59.

沈立群.网络技术发展与交易方式变革[J].上海国资,2013(3):15.

沈鑫琪,李秉龙,乔娟.生猪养殖专业化分工的生产率效应及其差异性研究:来自自繁自养型养殖场户的经验证据[J].农业技术经济,2019(4):71-83.

盛开彦,赵瑗珲.生猪养殖技术的发展趋势[J].吉林畜牧兽医,2020,41(10):12.

唐惠君.乐山生猪产业发展的战略思考[J].中共乐山市委党校学报,2001(3):38-39.

田杰棠,闫德利.新基建和产业互联网:疫情后数字经济加速的"路与车"[J].山东大学学报(哲学社会科学版),2020(3):1-8.

田秋生.信息不完备与生产的盲目性:对90年代以来我国生猪生产波动根源的分析[J].甘肃社会科学,2000(6):60-61+59.

田溯宁,丁健.从消费互联网到产业互联网[J].中国经济信息,2014(2):20.

万俊毅.准纵向一体化、关系治理与合约履行:以农业产业化经营的温氏模式为例[J].管理世界,2008(12):93-102+187-188.

王楚端.中国的养猪产业化经营30年[J].猪业科学,2008,25(8):106-107.

王俊勋.关于推进生猪产业化经营方式的探讨[J].农业工程学报,1997(S1):31-34.

王灵涛.生猪养殖技术与发展趋势[J].世界热带农业信息,2021(4):68-69.

王山,王丹玉,奉公."互联网+"驱动下的农业产业化经营体系创新:"猪联网"的实践与启示[J].中国科技论坛,2016(9):155-160.

王善高,彭翀宇,吴思颖.数字普惠金融对生猪养殖全要素生产率影响的研究:基于部分线性变系数面板模型的考察[J].黑龙江畜牧兽医,2024(24):1-8+15.

王秀清,李德发.生猪生产的国际环境与竞争力研究[J].中国农村经济,1998(8):48-55.

王哲雯,王婷,陶红军."互联网+"背景下我国生猪产业信息化发展研究[J].猪业科学,2017,34(12):120-123.

王志涛,李馨.全产业链模式能够保证食品安全吗?:基于雏鹰农牧集团的案例研究[J].管理案例研究与评论,2016,9(3):273-287.

卫旭东.生猪养殖与大数据[J].饲料与畜牧·规模养猪,2016(12):32-34.

吴斌.当前农村生猪交易市场存在的问题及改进的措施[J].湖北畜牧兽医,2014,35(11):93.

吴正杰.公司+家庭农场(猪场)经营模式探讨[J].今日养猪业,2016(5):52-54.

谢呈阳,刘梦,胡汉辉.消费升级、市场规模与制造业价值链攀升[J].财经论丛,2021(4):12-22.

谢杰,李鹏,包荣成.现代畜牧业转型升级机制和路径选择:基于"互联网+"畜牧业模式的分析[J].中国畜牧杂志,2016,52(10):43-48.

谢治菊.诱致性制度变迁视角下乡村振兴的实现路径:基于塘约经验的分析[J].探索,2019(6):173-182.

杨钊.产业互联网的现实应用及其模式创新[J].重庆社会科学,2016(2):17-22.

叶云,汪发元,裴潇.信息技术产业与农村一二三产业融合:动力、演进与水平[J].农业经济与管理,2018(5):20-29.

于莹,魏刚.2016年生猪产业"互联网+"回顾与2017年展望[J].中国猪业,2017,12(2):35-38.

于莹,杨海便,易晓峰.中国生猪产业"互联网+"探索与实践[J].猪业科学,2016,33(12):42-44.

员跃鑫,何蒲明,曾智,等.互联网普及、机械化水平对生猪产能影响研究:基于长江经济带的全面FGLS和门限模型估计[J].中国农机化学报,2022,43(7):131-137.

张承仪,陈启洪.我省养猪生产经营模式初探[J].贵州畜牧兽医,2000(2):23-24.

张琳,王永茂.生猪养殖技术及发展趋势[J].中国畜禽种业,2021,17(5):134-135.

张叶凡.基于大北农集团"互联网+生猪产业链"金融模式的案例研究[D].蚌埠:安徽财经大学,2023.

中国肉类协会.中国肉类食品行业"十三五"发展报告及"十四五"规划建议[J].肉类工业,2020(9):1-4.

周清杰.生猪交易触"网"升级[J].食品安全导刊,2017(10):48.

周全.信息化管理在生猪安全生产中的运用[J].农村养殖技术(新兽医),2006(7):8-11.

周应恒,耿献辉.培育产业组织是提高我国畜牧业竞争力的关键[J].产业经济研究,2003(1):64-70.

周月书,笪钰婕,于莹."互联网+农业产业链"金融创新模式运行分析:以大北农生猪产业链为例[J].农业经济问题,2020(1):94-103.

卓思凝,韦习会.养猪企业经营模式的分析[J].猪业科学,2015,32(7):46-49.

邹四海,朱盼盼,何泽军.数字技术驱动生猪养殖户绿色生产的效应与机制[J].河南农业大学学报,2024,58(2):336-346.

规模化异军突起,生猪交易模式急需突破[J].北方牧业,2015(21):7.

(二)英文期刊

DAVIS L, NORTH D. Institutional change and American economic growth: A first step towards a theory of institutional innovation[J]. The Journal of Economic History, 1970, 30(1): 131-149.

GROMB D, PONSSARD J P, SEVY D. Selection in dynamic entry games[J]. Games and Economic Behavior, 1997(21): 62-84.

IWAI K. A contribution to the evolutionary theory of innovation, imitation and growth[J]. Journal of Economic Behavior and Organization, 2000, 43(2): 167-198.

JUSTIN YIFU LIN. An economic theory of institutional change: Induced and imposed change[J]. Cato Journal, 1989, 9(1): 1-33.

QIN C Z, STUART C. Are cournot and betrand equilibria evolutionary stable strategies?[J]. Journal of Evolutionary Economics, 1997(7): 41-47.

RUTTAN V, HAYAMI Y. Toward a theory of induced institutional innovation[J]. Journal of Development Studies, 1984, 20(4): 203-223.

三、学位论文类

傅琳琳. 转型时期的我国生猪产业组织发展研究[D]. 杭州: 浙江大学, 2017.

宋亦平. 分工、协作和企业演进: 一个一般理论及对知识社会企业规制的分析[D]. 上海: 复旦大学, 2003.

田丽. 生猪产业组织创新研究: 重庆黔江个案[D]. 重庆: 西南大学, 2012.

薛莹. 基于交易费用视角农户农业生产性服务行为与契约选择研究[D]. 沈阳: 沈阳农业大学, 2021.

王军. 产业组织演化理论及实证研究[D]. 济南: 山东大学, 2006.

王元宝. 生猪产业组织及其合理演化的策略研究[D]. 北京: 中国农业大学, 2006.

四、电子文献类

陈静, 杨继强. 鹿寨县昌达生猪生态养殖示范区掠影[EB/OL]. (2019-02-13) [2025-03-10]. http://news. gxnews. com. cn/staticpages/20190213/newgx5c6350a5-18034428.shtml.

黄劼. 广东: 数字化养猪技术赋能食品安全和产业升级[EB/OL]. (2024-12-17)[2025-03-10]. https://www.ccn.com.cn/content/2024/12-17/1748172463.html .

江苏省农业农村厅. 智慧养殖篇之江苏枫华农业集团有限公司[EB/OL]. (2021-07-14)[2025-03-10]. http://nynct. jiangsu. gov. cn/art/2021/7/14/art_13251_9880452.html.

金珍杰, 周兆奕. 平阳打造生猪绿色养殖 数字生态美丽牧场[EB/OL]. (2020-06-04)[2025-03-10]. https://news.66wz.com/system/2020/06/04/105279466.shtml.

梁桂婵. 数字赋能畜牧业! 新兴聚焦生猪数字农业生产, 走出一条绿色高效的发展之路［EB/OL］.（2022-02-23）［2025-03-10］. https://www. 163. com/dy/article/H0THNBQB055004XG.html.

廖紫雯. 牧原股份猪周期的穿越策略：行业持续去产能，成本能否不断下降？［EB/OL］.（2024-04-12）［2025-03-10］. https://xueqiu.com/ 1652258883/285671197.

林艺华. 泉州永春：强化科技智能监管 推动生猪养殖产业绿色发展［EB/ OL］.（2024-09-13）［2025-03-10］. http://www. mnw. cn/quanzhou/yc/xw/29535 23.html.

农业农村部. 农业农村部关于印发《生猪产能调控实施方案（2024 年修订）》的通知［EB/OL］.（2024-03-04）［2025-03-10］. http://www.moa.gov.cn/govpublic/xmsyj/202403/t20240304_6450572.htm.

农业农村部. 对十四届全国人大代表第 BH0051 号建议的答复［EB/OL］.（2023-09-26）［2025-03-10］. http://www. moa. gov. cn/govpublic/xmsyj/202309/t20230926_6437306.htm.

农业农村部，国家发展改革委，财政部，等. 农业农村部 国家发展改革委 财政部 生态环境部 商务部 银保监会关于 促进生猪产业持续健康发展的意见［EB/OL］.（2021-08-06）［2025-03-10］. http://www. moa. gov. cn/govpublic/xmsyj/202108/t20210806_6373631.htm.

宋博. 图表：我国数字经济核心产业企业总量突破 450 万家［EB/OL］.（2024-12-23）［2025-03-10］. https://www. gov. cn/zhengce/jiedu/tujie/202412/content_6994181.htm.

陶宇新. 看台州生猪如何绿色生态养殖，保供"二师兄"产量［EB/OL］.（2019-11-11）［2025-03-10］. https://www.sohu.com/a/353080276_100188380.

托普云农."二师兄"戴上智能耳标，桐乡生猪产业步入数字化发展跑道［EB/OL］.（2022-06-14）［2025-03-10］. http://www.tpwlw. com/case/102.html.

吴正江，周伟. 禄丰市：高质量打造生猪绿色养殖产业［EB/OL］.（2022-08-13）［2025-03-10］. http://epaper.chuxiong. cn/content/202208/13/content_54554.html .

逍遥子. 养猪巨头为何布局数字化？除了降本增效，核心目标"第二曲线"［EB/OL］.（2023-07-07）［2025-03-10］. http://news.sohu.com/a/695408137_379553.

应凤林，刘一明. 生态养猪推动绿色发展［EB/OL］.（2022-02-21）［2025-03-10］. http://www. moa. gov. cn/xw/qg/202202/t20220221_6389053.htm.

张广权,凌箐璐.(走进中国乡村)全链路数字化 中越边境养猪小镇焕新生[EB/OL].(2024-06-14)[2025-03-10]. https://www. chinanews. com/gn/2024/06-14/10233807.shtml.

赵伟平.1—7月国家生猪市场交易额达97.4亿元增长明显[EB/OL].(2023-08-10)[2025-03-10]. http://www. cq. xinhuanet. com/20230810/4c2f119c92bc4c8cb872802ffcfab6b1/c.html.

浙江省人民政府. 华腾牧业深掘互联网赋能打造绿色智慧养猪新模式[EB/OL].(2020-09-01)[2025-03-10]. https://zld.zjzwfw.gov.cn/ art/2020/9/1/art_1659713_55891774.html.

布瑞克签约"江西猪业云",打造生猪全产业链数字化高地[EB/OL].(2023-12-18)[2025-3-10].http://baby.ifeng.com/c/8VcKhtD1iLl.

赋能产业高质量发展 国家生猪技术创新中心建成千亿级国家生猪交易市场[EB/OL].(2025-01-07)[2025-03-10]. http://www. cq. xinhuanet. com/20250107/bca0e0cccdd2470fac4d20be04273360/c.html.

绵阳全面推进生猪产业绿色发展[EB/OL].(2019-12-26)[2025-03-10]. https://www. sc. gov. cn/10462/10464/10465/10595/2019/12/26/d93645225adc4d1bb9ac4facbc12465c.shtml.

荣昌高新区基本情况简介(2025 年)[EB/OL].(2024-12-30)[2025-03-10]. http://www.rongchang. gov. cn/zjrc/tzrc/yqgk/202412/t20241230_14030041.html.

新希望:绿色打底数字化驱动,打造可持续发展强引擎[EB/OL].(2011-06-01)[2025-03-10]. https://www.163.com/dy/article/H8PKU4JO0514D3UH.html.

云南神农农业产业集团股份有限公司 2023 年年度报告[EB/OL].(2024-04-24)[2025-03-10]. https://pdf.dfcfw.com/pdf/H2_AN202404251631297931_1.pdf.

浙江金华:生猪入住"空调屋"绿色养殖打造美丽牧场示范区[EB/OL].(2016-07-04)[2025-03-10]. https://www.sohu.com/a/101016219_168900.

2023 年全国数字经济核心产业增加值占 GDP 比重为 9.9%[EB/OL].(2025-01-02)[2025-03-10]. https://www.gov.cn/lianbo/bumen/202501/content_6995840.htm.

五、其他

乐玉海,范春国. 生猪养殖小区建设与经营模式的创新性探索[C].//福建省畜牧兽医学会. 福建省科协第七届学术年会分会场——"坚持科技创新,建设海西现代畜牧业"研讨会论文集. 福建省宁德南阳实业有限公司,2007:127-128.

EVANS P C, ANNUNZIATA M. Industrial internet: Pushing the boundaries of minds and machines[R]. Scientific Reports of Kanazawa University, 2012(1-2): 1-23.

后记
AFTERWORD

在书稿成形之际，感慨良多。一是新一代信息技术的快速发展以及与传统产业的深度融合创新，虽然具有必然性和必要性，但在推进过程中存在多重困局。为了充分利用新一代信息技术促进传统产业转型升级和高质量发展，我们必须秉持系统性、持续性、渐进性和协同性的思维，构建一个全面的推进系统。二是中国畜牧业（特别是生猪产业），具有其独特的产业特性。新一代信息技术与畜牧业（特别是生猪产业）的融合创新，以及信息化技术在生猪产业的应用推广，对于推动中国生猪产业的经营创新和推广至关重要。在这一过程中，必须充分考虑中国生猪产业的特殊性及其对食品安全的战略意义，以及信息化技术与应用场景创新推广的特殊性。三是依托生猪产业数字化技术、应用场景创新融合及其协同效应形成的生猪产业互联网生态，推进中国生猪产业化经营模式的创新与推广，受到多种因素的影响，需要协同战略、技术、组织、要素、制度、政策等系统性要素。

研究的推进、书稿的撰写得到了多方的支持与帮助。一是本研究得到了西南大学2020年度中央高校基本科研业务费专项资金项目——生猪产业"互联网+"生态系统构建及应用研究（项目批准号：SWU2009107）的经费支持，并且项目主持人熊海灵教授对研究提供了全程指导和大力支持。二是本研究的开展和书稿的撰写得益于团队成员张建锋博士、沈忠明副教授、熊海灵教授、王京雷副教授、于显平副教授的通力合作与贡献，在此对团队成员的团结协作和辛勤工作表示感谢。三是本研究是在前人研究的基础上进行的，借鉴了众多专家学者的学术成果、地方政府和企业的实践经验与总结，在此一并表示感谢。四是衷心感谢西南大学出版社及责任编辑的大力支持，在研究推进和书稿撰写过程中遇到延期时，他们给予了充分的理解、大力的帮助与支持，对此表示衷心的感谢！

张建锋　沈忠明

2025 年 2 月